ENIGMA SNOVA

Kwen Khan Khu

april
2021

Kolekcija AGEAC onlajn

info@ageac.org

www.ageac.org www.samael.org
www.vopus.org www.radiomaitreya.org

„Jezik snova je upravo uporediv sa jezikom parabola. Oni koji tumače sve bukvalno, smatraju da je sejač u Hrističkim Jevanđeljima otišao da seje, a seme je palo na kamenito mesto itd, ali nisu razumeli smisao dotične parabole, jer ona u sebi sadrži simbolični jezik Višeg emocionalnog centra.“

Samael Aun Weor

PROLOG

Ako se ne bi u unutrašnjosti nekog ateista kompletno ugasila ona svećica koja nam u našoj unutrašnjosti pridaje kapacitet uviđajnosti, on bi stigao da izučava brojne snove koje su sabrani u analima istorije da bi shvatio da samo jedna viša inteligencija od naše može da bude sposobna da učini da mi doživljavamo – u tom ambijentu u kom svake noći izgleda da magija postaje realnost – iskustva koja se ispunjavaju tačno nakon nekoliko nedelja ili meseci.

Ako bismo zamislili nekog Božanskog arhitekta kao generatora najtranscendentalnijih oniričnih iskustava, to ne bi bilo nešto novo. Najsvetlije inteligencije davno minulih vremena uvek su videle, u svetu snova, realnu mogućnost da se život organizuje u višem obliku. Dovoljno je da se prisetimo, na primer, Platona, koji tvrdi da su snovi, pre svega, opomena bogova u vezi sa budućnošću.

Takođe, dobri Elijuj – veliki mudrac – ovako je govorio Jovu:

> *„Jedan put govori Bog i dva puta; ali čovek ne pazi. U snu, u utvari noćnoj, kad tvrd san padne na ljude, kad spavaju u postelji, tada otvara uho ljudima i nauku im zapečaćuje.“ Jov 33: 14-16.*

Ovo je motiv, a ne nešto drugo, zbog čega su snovi bili tako sveti u starim kulturama. U samom Britanskom muzeju nalazi se danas papirus Chester Beatty III, poznat kao „Knjiga snova" zato što sadrži listu oniričnih simbola i njihovo

odgovarajuće tumačenje. Neki egiptolozi datiraju je od početka vladavine Ramzesa II, od pre 3500 godina.

U ovom faraonskom Egiptu razvijao se veoma interesantan metod radi spoznaje volje i mudrosti božanstava, koji je bio nazvan „inkubacija snova". Isto kao što jaje treba da adekvatno inkubira na toplim mestima da bi se iz njega izleglo pilence, tako su i muškarci i žene odlazili u određene hramove – kao što je onaj Serapisov – da bi spavali i inkubirali svoje snove. Proceduru ovog rituala vodili su sveštenici ili sveštenice. Onaj koji je bio veran polagao je božanstvu određenu žrtvu u skladu sa hramom; sveštenik bi prizivao božanstvo i potom bi ga zajedno molili da se pojavi u snu osobe koja bi spavala – sa traženom informacijom. U pojedinim slučajevima zahtevalo se da devotan posti kako bi postao sposoban i receptivan pred svakim iskustvom.

Egipatsko predanje inkubiranja snova prešlo je u Mezopotamiju, Kanan i Grčku, u zemlje gde je iskusilo veliki procvat, pogotovo u sanktuarijumima za isceljenje koji su bili namenjeni bogu Asklepiju. Hodočasnici, čije je zdravlje slabilo, išli su u velikom broju u dotične hramove gde su uz pomoć rituala pročišćeni kako bi, nakon toga, bili uvedeni u prostoriju u kojoj su mogli da „inkubiraju" snove. Snažnom verom su molili grčkog Boga medicine da im prenese njegovu inspiraciju kako bi ozdravili. Sledećeg dana, ispričali bi svešteniku svoja iskustva, a ovaj, na osnovu onoga što je bilo otkrovljeno, prepisao bi adekvatnu terapiju.

Sanktuarijume za izlečenje boga Asklepija, u okviru grčke, nasledio je Rim, koji je prekrstio boga i nazvao ga Eskulap.

Svi antički kultovi su, na ovaj ili onaj način, razvijali inkubaciju snova. U Kini, od najstarijih vremena pa do XVI veka, odnosno u toku nekoliko hiljada godina, svugde su se razvijali hramovi za inkubaciju; domoroci u Americi, primitivni Kelti, stari stanovnici Cejlona i Indonezije, takođe su praktikovali inkubaciju snova.

Nesumnjivo, bila su druga vremena kada svirepi materijalizam i užasni ateizam još nisu raširili svoje korene u srca ljudi. Danas, pola sveta odbija ideju da neka božanska inteligencija pokreće nitima sve što je stvoreno, a ona druga polovina, iako ovo veruje, strašno je uslovljena svojim dogmatskim verama. Zbog toga, iako su Biblija i druge svete knjige ispunjene aluzijama u vezi sa snovima, sa transcendentalnim značenjem u životu ljudi i naroda onih dana, sveštenici sadašnjih mrtvih crkava opravdavaju svoje neslaganje sa ovim kazivajući, na primer: „Ovo su stvari iz drugih vremena.“ ili „Snovi su vodili u propast mnoge koji su u njih verovali.“ ili „Ovo su stvari Satane.“ itd.

Ne ignorišemo činjenicu da će klevetnici oniromantije (nauke tumačenja snova) pomenuti da su mnogi lažni proroci upotrebili svoje snove da bi zaveli one nesmotrene kako bi postigli svoje ništavne ciljeve. Istina je. Zbog toga je uvek dobro da nemamo poverenje u onog koji radosno izlaže svoje snove kao paun svoje obojeno perje, sa vidljivim ciljem da utiče na budućnost duša radi sopstvene lične dobiti.

Takođe, neprijatelji onirične nauke govoriće nam da nije dovoljno da ne slušamo ove lažne proroke jer se, veoma verovatno, koren njihovih zala nalazi u činjenici što su oni verovali svojim snovima, stvar koja se i nama može dogoditi. A delimično su u pravu, jer isto kao što Moći Dobra mogu da nas podučavaju noću u toj atmosferi gde neobičnost postaje realnost, takođe Moći Zla – koja se nikada ne odmaraju – mogu pokušati da loše utiču na našu sudbinu.

Ovo je mali rizik kog treba da usvojimo, jer isto kao što „ne postoje ruže bez trnja“, niko ne bi mogao da ubere zlatne plodove koji se pojavljuju u magli četvrte dimenzije, a da ne bude izložen kušnjama i obmanama gospode mračnog lica. Ali je nagrada koju možemo da dobijemo svake noći velika – jer u mračnoj pećini u kojoj živimo svetlost je neprocenjiva, zato što su svi oni, koji su u prošlosti tražili „Zlatno runo“, uvek prelazili prag Morfejevog kraljevstva sa nadom da doznaju kakve će posledice imati njihova dejstva u duhovnom životu, sa očiglednim ciljem da budu verni svojim principima i da ne skrenu sa pravog puta. Jasno je da su svi oni inteligentni uvek prelazili ovaj prag posedujući solidan štit pravilne uviđajnosti i oklop gnostičkog učenja tako da je svaki pokušaj prevare od strane Mračnih automatski ostao bez posledice.

A ako ono što smo gore tvrdili nije samo po sebi izvanredno da bismo zaželeli da, pri buđenju, našoj memoriji ne utekne nijedan momenat kog smo doživeli u astralnoj atmosferi, naš veoma strpljivi čitalac treba da zna, da onako kao što vrlina nikada ne bi postojala bez kušnje, u svetu snova može naći dobro mesto da uzgaja nekoliko dragocenih vrlina: poniznost – onda kad se budemo setili nekog značajnog prošlog života, ali treba da nastavimo da se ponašamo jednostavno; umerenost – onda kada se neki san ne poklapa sa realnošću i treba da ga ignorišemo; strpljenje – kada posedujemo neku informaciju, a ona ne dolazi kada želimo; poverenje – kada u snovima otkrivamo svedočanstvo unutrašnjeg rada; hermetičnost – kada učimo da su snovi sveta učenja koja se ne prepričavaju celom svetu; duhovnost – kad percipiramo da na naše iskrene molitve, pre ili kasnije, dobijamo odgovore u našim snovima itd.

Takođe, dobro je da naš ljubazni čitalac zna da kod najtranscendentalnijih doživljavanja, koje duša može da ima izvan svoje telesne strukture, mogu da se pojave čudni i subjektivni elementi koji dolaze od pameti. Moguće je da Solarne dinastije ili naše sopstveno Biće žele da nas podučavaju, ali da mi oblikujemo njihova dragocena učenja sa svojim predrasudama, brigama itd. Zbog toga, uvek je pametno da pokušamo da otkrijemo da li je, u snu koji dolazi sa visine, sve realno ili postoji neki deo kog dodaje naša pamet. Evo jednog primera: ako nam zemaljski otac daje, u snu, tanjir pirinča, a mi kažemo da bismo više voleli da nam donese krompir ili se ljutimo na njega što ne nosi košulju koju smo mu poklonili, očigledno je da je „tanjir sa pirinčem"poruka na koju treba da se koncentrišemo, a ostalo su subjektivni dodaci koje unosi naša nespretna psiha, koje treba da izbacimo iz tog iskustva.

Budimo iskreni, dodajmo činjenicu da niko, apsolutno niko, ne bi mogao da prođe put koji vodi ka finalnom Oslobođenju ako ne uzima u obzir svoje snove ili ih jednostavno smatra kao deo sopstvene fantazije. Snovi su za devotana, zaista, kao sandale za hodočasnika ili mleko za nežnu bebu.

Poznavalac svih ovih stvari, Venerabilni Majstor Kwen Khan Khu, uložio je napor da bismo svi mi mogli da tumačimo simbole koji se prikazuju svima koji žele da dožive težak put koji treba da nas vodi do samog boravišta Bića.

Ovo nije još jedna knjiga snova više, ne. To je knjiga za onog ko želi da doživi realni Put. Ne poričemo činjenicu da su postojala grandiozna dela u vezi sa snovima. Kao jedan primer imamo knjigu Oneirokritikáili Tumačenje snova Artemidora iz Efesa – najznačajnijeg oniromanta u epohi imperatora Marka Aurelija – u koju je uneo preko 3000 snova, onih koji su ga konsultovali, zajedno sa njihovim odgovarajućim tumačenjem.

Čitajući ova lepa dela, otkrivamo činjenicu da su simboli koje je rekompilirao (prikupio) Artemidor, većim delom, i danas važeći. Ali upute koje daje Artemidor veoma malo pomažu hodočasniku koji traži svetlost. Ono što se događa to je da tumačenje koje slavni grčki tumač snova pridaje večnim arhetipovima, nažalost, lišeno je transcendentalnih principa Kabale i Alhemije. Da vidimo, na primer, šta kaže Artemidor u vezi sa nekoliko simbola:

> Mačka: „Ravna se sa preljubom, jer je lopov ptica, a ptice simbolizuju žene.“

> Ribe: „One koje su raznobojne pokazuju trovanje kod bolesnika, prevaru i mahinacije kod onih zdravih.“

> Orao: „Označava bandite i gusare koji će usred dana napredovati protiv vašeg zadatka.“

Treba, dakle, da razumemo da Artemidor nije napisao delo za Inicijate, niti za one koji čeznu za Inicijacijama. Napisao je za plebejstvo i jasno je da ako u nekoj oniričnoj viziji umire krava, to ne označava istu stvar za gnostičara i za kravara. Čak i tako, delo Grka je prepuno pragmatizma i opažanja snova zajedno sa onim što se događa u svetu formi, a to je činjenica koja čini da delo bude mnogo bolje od mnogih dela koja su u vezi sa simbolima i koja preplavljuju aktuelno tržište, a u kojima se mogu videti samo mentalne špekulacije.

Ono što nije posedovao Artemidor, na svu sreću poseduje Majstor Kwen Khan Khu: ključeve Hermetičke umetnosti i doživljaj Tajnog Puta. Sa ovim alatkama i sa darom intuicije sa kojima je Velečasni osposobljen, mi imamo u svojim rukama jedno delo u kom ponovo govore nemi simboli svih epoha.

Radujmo se, dakle, činjenici što nas je blagosiljala Boginja Fortuna, jer u drugim vremenima mnogi bi dali polovinu svog bogatstva radi tačnog tumačenje nekog sna koji je, zbog neznanja, učinio da uzmu upravo kao istinu ono što je pogrešno, a kao dobro ono što je loše i, na taj način njihovi životi, umesto da budu bogati – duhovno, bili su upropašćeni.

Da bismo zaključili, voleli bismo da zapečatimo ovaj prolog sa nekoliko jednostavnih rečenica koje nas pozivaju da reflektujemo o onom svetu u kome se večnost i magičnost zbratimljuju da bi osvetlili naše puteve:

„Dođi, o, snu! Sigurni čvor mira, divno utočište duha, melem borbe, bogatstvo siromaha; oslobođenje zarobljenika, nepristrasni sudijo onih moćnih i onih poniznih.“

Philip Sidney

„Imajte poverenje u snove jer su u ovima skrivena vrata večnosti.“

Gibran Kahlil

Qui in sua vita Deum exquirit, in somniis euminveniet.

– Onaj ko traži Boga u životu, naći će ga u snovima –

AVE

POTREBNA OPOMENA

Student vidi simbole, ali ih ne shvata. Razume da je čitava priroda živo pismo, koje on ne poznaje. Potrebno je da se podigne do Inspirisane spoznaje da bi tumačio sakralne simbole Velike prirode.

[...]

Inspirisana spoznaja nam pridaje moć da Tumačimo Simbole Velike prirode. Interpretacija simbola je veoma delikatna. Mnogi su se vidovnjaci pretvorili u ubice ili su pali u delikt da javno klevedu zbog toga što nisu znali da tumače simbole.

Simboli treba da budu hladno tumačeni, bez sujeverja, zlobe, nepoverenja, gordosti, sujete, fanatizma, predrasude, prekonceptualnih ideja, neprijateljstva, zavisti, pohlepe, ljubomore itd. Svi defekti su Ja, Samo ja, reinkarnirani Ego.

Kada interveniše Ja prevodeći, tumačeći simbole, tada denaturiše značenje Tajnih Pisama, a Vidovnjak pada u delikt koji ga može odvesti u zatvor.

Interpretacija treba da bude strogo analitička, krajnje naučna i u suštini mistička. Treba da učimo da vidimo i da tumačimo u odsustvu Ja, Samo Ja.

Mnogim mističarima se čini čudno što mi, braća u Gnostičkom univerzalnom pokretu, govorimo o Božanskoj ultraviziji sa Krivičnim Zakonikom u ruci. Oni koji misle tako smatraju Duhovnost kao neku stvar koja nema veze sa svakodnevnim životom. Takve osobe loše napreduju, zavaravaju se, ignorišu da ono što je svaka Duša u Višim svetovima, to je tačan rezultat dnevnog života kog svi mi doživljavamo u ovoj Dolini plača.

Ako naše reči, misli i dela nisu pravedni, onda se rezultat pojavljuje u Unutrašnjim svetovima i Zakon nam presuđuje.

Zakon je Zakon, „ignorisanje zakona ne isključuje njegovo ispunjenje". Najgori greh je Ignorancija. Učiti nekoga ko ne zna predstavlja čin Dobročinstva. Na ljudima Vidovnjacima je sav teret i sva ogromna odgovornost prema Zakonu.

Treba da znamo da tumačimo simbole Velike Prirode u odsustvu Ego-a. Ipak treba da intenziviramo samokritiku, jer kada Ja vidovitosti zamišlja da mnogo zna, tada se oseća nepogrešivim, sveznajućim, mudrim i čak pretpostavlja da vidi i tumači u odsustvu Ego-a. Ova vrsta vidovitosti toliko mnogo osnažuje Ja, tako što te osobe završavaju pretvarajući se u strašno perverzne Demone. Kada jedan vidovnjak ove vrste vidi svog Unutrašnjeg Boga, tada tumači svoju viziju u skladu sa svojim mračnim kriterijumom, i uzvikuje kazivajući: «Veoma dobro napredujem». Treba da znamo da interpretiramo simbole Velike Prirode oslanjajući se na Zakon Filozofskih analogija, na Zakon Korespondencija i na Numeričku kabalu. Mi preporučujemo „Mističnu Kabalu" od Dion Fortune. Ovo je divna knjiga. Izučavajte je.

Onaj ko ima mržnju, osvetništvo, ljubomoru, zavist, gordost itd. ne uspeva da se digne na drugu stepenicu zvanu Inspirativna spoznaja.

Kada se budemo digli do Inspirativne spoznaje razumemo i shvatamo da slučajna akumulacija predmeta ne postoji. Realno, sve pojave Prirode i sve stvari se nalaze međusobno organski intimno povezane, zaviseći iznutra jedne od drugih i međusobno se uslovljavajući recipročno. U realnosti, ni jedna pojava Prirode ne može da se razume na integralan način ako je analiziramo izolovano.

Sve se nalazi u neprestanom kretanju, sve se menja, ništa ne ostaje nepokretno. U svakom predmetu postoji unutrašnja borba.

Predmet je istovremeno pozitivan i negativan. Kvantitativno se pretvara u kvalitativno. Evolucija je proces komplikovanja energije.

Inspirativna spoznaja nam dopušta da spoznajemo vezu između svega što postoji, šta je bilo i šta će biti.

Materija nije ništa drugo nego Kondenzovana Energija. Beskonačna modifikovanja Energije jesu apsolutno nepoznata kako Istorijskom materijalizmu tako i Dijalektičkom materijalizmu.

„Energija je ravna proizvodu mase i kvadrata brzine svetlosti.“ Mi, Gnostičari, nemamo veze sa antiteznom borbom koja postoji između Metafizike i Dijalektičkog materijalizma. Ovo su ta dva pola ignorancije, dve antiteze greške.

Mi idemo drugim putem. Mi smo Gnostičari, smatramo život kao jedinstvenu celinu.

Predmet je jedna tačka u prostoru koja služi kao vehikl određenom zbiru vrednosti.

Inspirativna spoznaja nam omogućava da studiramo intimnu vezu koja postoji između svih formi i vrednosti Velike Prirode.

Dijalektički materijalizam ne poznaje vrednosti, izučava samo predmet. Metafizika ne poznaje vrednosti, ne poznaje ni predmet.

Mi, Gnostičari, udaljujemo se od ove dve antitezne Ignorancije i izučavamo čoveka i Prirodu na integralan način.

Život je svaka Energija koja je određena i koja određuje. Život je Objekat i Subjekat, istovremeno.

„Učenik koji želi da stigne do Inspirativne spoznaje treba da se duboko koncentriše na muziku. Mocartova Čarobna frula nas podseća na jednu egipatsku Inicijaciju. Onih Betovenovih Devet simfonija i mnoge druge klasične kompozicije uzdižu nas ka Višim svetovima.“

Učenik, duboko koncentrisan na muziku trebalo bi da se vidi u njoj kao i pčela u medu – rezultatu čitavog njenog rada.

Kada je učenik već stigao do Inspirativne spoznaje, tada treba da se pripremi za Intuitivnu spoznaju.

Samael Aun Weor, Tarot i Kabala, pogl. 65.

RAZJAŠNJENJA
MAJSTORA KWENA KHAN KHUA

Pitanje: *Možete li nam reći šta znače onih četiri zakona koje Majstor Samael pominje kao parametre za tumačenje snova?*

Majstor: Zakon Filozofskih analogija znači da san simbolizuje ono što nam se, sa filozofske tačke gledišta, više puta objasnilo. Na primer: da shvatimo zmiju kao simbol kušnje, a sunce kao Boga koji nas prosvetljava.

Zakon Analogija suprotnosti znači da vidimo u snu stvar koja simbolizuje njenu suprotnost. Na primer: jesti slatkiše, pomoću Zakona suprotnosti, upliće činjenicu da ćemo imati da doživimo gorčine.

Zakon Korespondencija znači da postoje simboli koji odgovaraju jedni drugima. Primer: voda i prečišćavanje, krv i požrtvovanje itd.

A Zakon Numerologije upliće činjenicu da svaki broj ima neki sopstveni kabalistički smisao.

Pitanje: Šta je Fonetička kabala i kako se ona uklapa u zakone koje ste nam objasnili?

Majstor: Fonetička kabala znači da nam snovi, ponekad, mogu imati fonetičko tumačenje. Na primer: ime „Edmond Dantès" može da znači „danteov svet". A Fonetička kabala može da se uključi u okvir zakona korespondencije, zato što neki simbol odgovara stvari koja je predstavljena sa fonetičke tačke gledišta.

Pitanje: Kako treba da bude pripremljena neka osoba da bi mogla da pravilno tumači snove?

Majstor: Da bi osoba mogla da pravilno tumači svoje snove ili snove drugih osoba treba:

a. Da svakodnevno meditira.

b. Da mnogo vokalizuje samoglasnik „O".

c. Da studira učenje.

d. Da održava pravilan način mišljenja, pravilan način osećanja i pravilan način delovanja.

e. Da ima logično mišljenje, odnosno, ne treba da ima kapricioznu pamet. Treba da bude vedar, a ne emocionalan.

f. Da se mnogo moli Božanskoj Majci i da poseduje stanje pribranosti.

Pitanje: Kako možemo da znamo, u datom momentu, ako neki san znači ovu ili onu stvar, pogotovo ako san nije naš?

Majstor: Da bismo znali da jedan san znači ovu ili onu stvar treba da se poslužimo intuicijom ili logikom. Na primer: ako neko sanja da se davi i mi znamo da je ta osoba fornikator, onda se tu značenje odnosi na seksualne vode. Traži se da ta osoba bude neporočna (seksualno).

Pitanje: Kako znamo onda kada se neka osoba pojavi u snu da je to upravo ta osoba ili je simbol imena dotične osobe?

Majstor: Onda kada sanjamo neku osobu i želimo da znamo da li se san odnosi na dotičnu osobu ili je njeno ime simbol, treba ponovo da se poslužimo intuicijom ili da opažamo okolnosti koje se tu pojavljuju. Na primer: Sanjamo neku Mariju koja doživljava udes, a ta Marija treba uskoro da putuje, onda je vrlo verovatno da nam je skrenuta pažnja tim događajem da bismo opomenuli dotičnu osobu da preduzme mere. Ali, na primer, ako u poslednje vreme imamo mizerno ponašanje, opomenuti smo da naša unutrašnja Marija skreće s puta zbog nas.

Pitanje: Postoje osobe koje objašnjavaju san i to rade sa tako mnogo detalja i objašnjavaju desetak minuta, pa prema tome, na kraju, više se ne zna šta je važno i šta nije. Kako treba da se tumači takav san?

Majstor: Kada se neka osoba seća mnogih detalja iz nekog sna, da bismo ga tumačili treba da se usmerimo prema elementima koji su realno očigledni i da ostavimo po strani druge detalje koji su apsurdni i neinteresantni.

Pitanje: Definitivno, može li neko da doživi ezoterički Put ako se ne seća svojih snova ili im ne poklanja pažnju?

Majstor: Zaista, osoba može lako da skrene sa ezoteričkog Puta ako ne ume da tumači svoje snove.

A

ABORTUS	• Događaj koji se neće kristalisati. Materijalni ili duhovni projekat koji propada. Izgubljeni psihološki rad.

Abortus samo sa gubitkom krvi, simbolizuje da ćemo doživeti jednu bolnu situaciju.

• Ako se pobaci već formirano dete, predstavlja plan koji, budući da je već kristalisan, kasnije propada; ili neka sramna situacija koja se završava.

ADVOKAT • Predstavnik Velikog zakona.

• Osoba koja nam se predstavlja kao naš advokat može da bude deo našeg Bića ili agent Zakona koji će nas braniti.

• Advokat koji nam naplaćuje, a mi nemamo novca da platimo, simbolizuje da Zakon želi da platimo neki dug, a mi nemamo dharmu da bismo platili.

AGAVA • Volja.

AGONIJA	• Ako vidimo nekog u agoniji može da znači da osoba koju vidimo prolazi kroz psihološke krize

• Takođe može da bude pokazatelj da neko naše Ja treba da umre ili je već pred smrt.

• Ako osoba koja je u agoniji ima neko simbolično ime, može da predstavlja činjenicu da se nešto u nama – u vezi sa dotičnim imenom, nalazi u agoniji.

• Vidi *Smrt*.

AGRESIJA • Vidi *Tuča*.

AJKULA • Merkur i njegova proždiruća moć svega što nije realno.

• Takođe može da simbolizuje nasilje u alhemijskim vodama.

AKROBAT • Inicijat koji je raspoložen da se suoči sa najvećim izazovima na tajnom putu.

• Ako ga vidimo kako izvodi akrobacije, poziva nas da prevaziđemo najteže situacije da bismo stigli do Bića.

AKVARIJUM • Akvarijum za šarene ribe simbolizuje naše merkurske vode ispunjene životom.

• Razbijeni akvarijum simbolizuje da je moguće da trpimo radi svojih alhemijskih voda.

• Prljavi akvarijum je nečista seksualnost.

ALATKA • U zavisnosti od toga kakva je, poziva nas da iskoristimo simbol, predstavljen tom alatkom.

ALKOHOL • Potreba da se pije alhemijski alkohol, odnosno da se hranimo filozofskim merkurom.

• Ako nam stavljaju alkohol na ranu, znači da ćemo se oporaviti od naših psiholoških rana posredstvom alhemijske umetnosti.

AMBIS • Vidi *Provalija*.

AMBULANTNA kola	• Hitna potreba da primimo moralnu ili duhovnu pomoć zbog stanja konfuzije ili bola koji se približava.
	• Ako nas uzimaju u ambulantna kola, simbolizuje činjenicu da ćemo biti uključeni u neočekivane epizode.
	• Ako mi vozimo ambulantna kola, pokazuje nam činjenicu da će nam pripasti da se suočimo sa teškim događajima.
ANANAS	• Može da simbolizuje slatko-kisela stanja koja će doći u naš život.
	• Vidi *Voće*.
ANĐEO	• Majstor sa anđeoskim stepenom.
	• Ako on svira na trubi, to je predstojeća opomena koja nam se daje ili koja će nam se dati.
	• Crni anđeo simbolizuje unutrašnje stanje koje treba da rafiniramo i popravimo. Takođe, saturnski anđeo je najavljivač smrti, bilo da je reč o fizičkoj ili psihičkoj.
APSCES	• Nepredviđena prepreka koja se pojavljuje u našem životu. Takođe, simbolizuje da smo natovareni negativnim energijama.
	• Ako se nalazi u našim ustima, ukazuje na probleme sa verbumom ili nepogodnosti pri izražavanju.
	• Ako ga ima neka životinja, znači da neka egoična stanja umiru u nama.
ARENA (s bikovima)	• Točak života, povratak, rekurencije i njihove nemilosti. Gledaoci, na svojim sedištima, jesu osobe iz horizontalnog života. Hrabri koji su imali smelost da se spuste u arenu Inicijacije, da bi se borili protiv životinjskog Ego-a, jesu svi oni koji se bore da bi se spasli od Samsare.
ARKA	• Veliki Arkanum A.Z.F.

ARTIČOKA	• Vidi *Povrće*.
AUTOBUS	• Veliki tantrički vehikl. Takođe može da simbolizuje Gnostički pokret.

• Ako putujemo autobusom, simbolizuje činjenicu da smo angažovani na tantričkom putovanju. Takođe, simbolizuje da učestvujemo u nekom gnostičkom projektu.

• Ako mi vozimo autobus, može da simbolizuje činjenicu da prenosimo dalje neki zadatak radi dobra ostalih.

• Ako autobus trpi udes, simbolizuje činjenicu da ćemo imati neočekivane prepreke kod nekog zadatka koji nam je poveren.

AUTOMOBIL	• Vidi *Kola (Mašina)*.
AVION	• Duhovni letovi.

• Ako se dižemo ili letimo u njemu, predstavlja duhovno putovanje koje se obavlja.

• Ako vidimo da avion pada, simbolizuje činjenicu da je neko duhovno putovanje uništeno. ako se ostaci aviona šire na sve strane, znači da će to duhovno putovanje ostaviti posledice oko nas.

• Moguće je da se odnosi, takođe, na proročki znak u slučaju da smo odlučili da putujemo avionom u fizičkom svetu.

B

BADEM	• Vidi *Seme*.
BAKAR	• Druga reprezentacija merkura.
	• Ako nam se uručuje neka medalja ili bilo koji predmet od bakra, pozvani smo da radimo sa našim merkurskim vodama.
BAKLJA	• Sakralna vatra.
	• Ako idemo kroz pećinu, osvetljeni bakljom, simbolizuje činjenicu da nas Sveta vatra vodi ili nas mudrost vodi.
	• Ako nam se uručuje baklja, pozvani smo da radimo sa alhemijskom vatrom.
BAL	• Vidi *Igra (ples)*.
BALA	• Teška karma koju vučemo iz života u život.
BALEGA	• Vidi *Izmet*.
BALON	• Vidi *Lopta*.
BALON	• Ako se vidimo kako putujemo u nekom balonu, simbolizuje činjenicu da treba da poboljšamo samoopažanje.
BANANA	• Seksualna potencija.

• Ako vidimo drvo puno banana, simbolizuje obilje energije.

• Ako jedemo banane, ukazuje nam se da se hranimo Alhemijom.

• Vidi *Voće*.

BANDITI • Vidi *Lopovi*.

BANKET • Ako je višeg reda, može da znači unutrašnje slavlje koje nam je priređeno za uspešno krunisane radove.

• Ako je nižeg reda i vidimo se da neuredno jedemo, može da bude poziv da eliminišemo gusta stanja lakomosti.

BARA •Istina.

• Može, takođe da predstavlja merkurske vode i Alhemiju.

BARKA • Brak i Alhemija.

• Ako plovimo u lepoj barci, simbolizuje harmoničan brak i duhovni prosperitet.

• Ako je barka koja se potapa ili je degradirana, simbolizuje da je sopstveni brak u realnoj opasnosti da propadne.

• Ako izgubimo barku, simbolizuje da naša alhemija kasni jer nismo na vreme dejstvovali.

BEBA • Esencija.

• Može da bude pokazatelj unutrašnjih rađanja, duhovnih progresa.

• Takođe, može da simbolizuje potrebu da ponovo budemo kao deca. To je poziv da se vratimo na bezazlenost u pameti, u srcu i u seksu.

• Ako je dete groteskno ili je kontekst osrednji, može da alegoriše rađanje novog psihološkog defekta.

BELI LUK • Potreba da se suzbija Crna magija.

• Može takođe da bude podstrek za unutrašnju disciplinu.

BENZINSKA   • Potreba da se napajamo merkurskom silom.

BESTIJE   • Bestijalni psihološki agregati koje nosimo u unutrašnjosti.

BEŽATI   • Iz škole: simbolizuje činjenicu da nismo prošli ispit iz lekcija života. Ne želimo da se suočimo sa gimnazijom svakodnevnog života.

• Iz kuće: može da simbolizuje činjenicu da se udaljavamo od kuće svog Bića ili, takođe, da kidamo horizontalne veze.

• Iz zatvora: znači izbegavati psihološke lavirinte.

BIBLIOTEKA   • Simbolizuje dve stvari: večitu mudrost ili mentalni intelektualizam.

• Ako se u njoj vidimo, može da bude podstrek da studiramo i da bolje razumemo gnostičku spoznaju; ili pokazatelj da napustimo prašinu teorija.

BICIKL   • Unutrašnja ravnoteža.

• Ako nam se poklanja bicikl, to je poziv da živimo uravnoteženo.

• Ako se dobro vozimo biciklom, znači da osvajamo unutrašnju ravnotežu.

• Ako sa bicikla padamo, simbolizuje da smo predodređeni da gubimo svoju ravnotežu, kontrolu nad nižim centrima organske mašine.

• Ako nam je ukraden bicikl, simbolizuje da Ja želi da pokrade osnove uravnoteženog života.

BIČ   • Volja.

• Ako nam se daje bič, pozivani smo da upotrebimo našu volju protiv životinjskog Ego-a.

• Ako se samobičujemo ili nas bičuju, simbolizuje da treba da prođemo kroz dobrovoljne patnje.

• Ako upotrebljavamo bič da bi nekog kažnjavali, simbolizuje činjenicu da smo verovatno okrutni sa tom osobom.

BIK

• U svom višem aspektu, to je nebeski bik, sveti bik Apis: Biće kod Egipćana. Žrtvovanje bika u misterijama Mitre simbolizuje božansku silu koja oplođuje prirodu, jer krv bika simbolizuje Božansku silu.

• U svom nižem aspektu, to je krićanski Minotaur, monstrum smeša bika i čoveka, refleksija životinjskog Ego-a koji prebiva u dubinama svakog ljudskog bića. Često predstavlja konkretno Ja gneva.

• Ako nas napada, opomenuti smo činjenicom da agregat gneva želi da nam sabotira život i stabilnost.

• Ako se borimo, kao u koridi, sa bikom, pokazuje nam činjenicu da dobro radimo na Ja gneva.

BILJKA

• Rast nečega višeg u našoj unutrašnjosti.

• Ako biljka ima debelo korenje, ukazuje nam na činjenicu da ono što se seje u našoj unutrašnjosti jeste temeljno.

• Ako je čupamo iz korena i ponovo je zasadimo, hoće da nam kaže da ćemo promeniti strategiju na putu.

BIOSKOP

• Akaški registri.

• Takođe, može da simbolizuje glumce – naše Ja-ove, koji stavljaju na scenu svoje želje i strasti. Očigledno, u zavisnosti od onoga što se vidi, pokazuje nam se jedno ili drugo stanje naše sopstvene psihe.

BISERI	• Duhovne vrednosti merkura, seksualna neporočnost.
BLAGO	• Unutrašnje vrednosti duše.
	• Ako ga nađemo na dnu mora, poziva nas da izvadimo naše blago iz alhemijskih voda.
BLATO	• Prepreke na putu.
	• Ako idemo po blatu, simbolizuje teškoće na inicijatičkom putu i u našem životu, uopšte. Materijalne, moralne i duhovne teškoće.
BLIZANCI	• Predviđa činjenicu da ćemo istovremeno doživeti dve situacije.
	• Ako vidimo da rađamo blizance, najavljuje duplu neprijatnu okolnost.
	• Ako sebe vidimo da smo blizanac sa drugom osobom, može da predviđa činjenicu da imamo slične agregate kao ta druga osoba.
BOGATSTVO	• Ako je predstavljeno monetama ili sa mnogo novca, simbolizuje dharmu.
BOJE	• Bela: unutrašnja jasnoća. Takođe je simbol čistog Duha i drugog svedočanstva Alhemije.
	• Crna: mržnja. Simbolizuje i nedostatak svetlosti i pad Duha u materiju. Takođe, to je aluzija na prvo svedočanstvo Alhemije.
	• Crvena (svetla): gnev, Crvena (krvava): blud, fornikacija. Crvena boja je takođe simbol četvrtog svedočanstva Alhemije: Crveni lav, Vatra Svetog Duha koja je već oplodila merkur.
	• Ljubičasta: transcendentalna mistika. Unutrašnja slava.
	• Mrka: unutrašnja zrelost.
	• Plava: duhovnost i pobožnost.
	• Roze: nežnost.
	• Siva: tuga, melanholija. Otvoreno siva: dvosmislenost. Olovna: egoizam.

• Zelena (intenzivna): skepsa ili ljubomora. Zelena (jasna): može da alegoriše Zelenog lava Alhemije, drugim rečima, merkur u pripremi.

• Žuta (svetlo): inteligencija. Žuta (prljava): intelektualizam. Žuta boja je takođe simbol trećeg svedočanstva Alhemije.

BOLEST

• Moguća najava da će se sopstveno telo razboleti u fizičkom svetu.

• Takođe, može da bude aluzija na neku psihološku bolest, odnosno, na neka veoma negativna i haotična stanja koja proizvodi Ego.

BOMBONI

• Vidi *Slatkiši*.

BOR

•Poziv na opuštanje pameti. Setimo se da nam elemental bora pomaže da smirimo pamet.

BORBA

• Vidi *Rat i Tuča*.

BORDEL

• Naš veoma degradiran psihološki prostor.

• Moglo bi takođe da znači da smo praktikovali prostituciju u drugim egzistencijama.

BOSONOG

• Ako se vidimo bosonogi to je podstrek da se pređe put uprkos svim preprekama.

• Takođe, može da bude najava činjenice da se približavaju teške etape puta.

BRADA

• Duga brada: mudrost, sapijencija.

• Brada koja pada ili se silom čupa: gubitak mudrosti, nesreća, moralni problem.

BRAK

• Vidi *Svadba*.

BRAŠNO

• Merkur kojim treba da izradimo hleb mudrosti. U Srednjem veku alhemičari su nosili naziv „brašnari" zahvaljujući vezi između alhemijskog jedinjenja i brašna.

BRAT

• Vidi *Rodbina*.

BRAVA

• Poziv da budemo više hermetički.

BRESKVA

• Vidi *Voće*.

BRITVA	• Vidi *Nož*.
BRKOVI	• Poziv da budemo čvrsti na putu. Takođe može da bude navođenje na rad u supraseksualnosti.
BROJANICE	• Unutrašnji put. Ako nam se daju, pozvani smo da ostvarimo put.
BROJEVI	Kada neofit percipira neki broj u oniričnom svetu, treba da sabere njegove brojke da bi dobio manji broj ili jednak sa 22. Potom, ne zaboravljajući kontekst iskustva i uvek pod svetlošću Kabale, moći će da analizira okultno značenje ovog broja.

• Br. 1

Arkanum br. 1 jeste „Mag" Kabale, Sveti Duh svake osobe, Otac koji se nalazi u tajnosti, Monada ili Besmrtna Iskra svakog ljudskog bića, svakog stvorenja, Jedinica.

Mudrost pripada Ocu, a on sve predviđa. Sve velike ideje od njega dolaze.

Volja, personalna inicijativa, preduzimački duh.

Br. 1 je taj koji inicira, taj koji započinje. Svaka stvar koja započinje u praktičnom životu odgovara Arkanumu br. 1.

Svaki početak je težak, treba da mukotrpno radimo, treba da sejemo da bismo žnjeli.

Sa Arkanumom br. 1, „Magom", prodiremo u sanctum regnum Magije.

• Br. 2

Arkanum br. 2 jeste „Sacerdotesa", okultna nauka. U domenu duha, broj dva predstavlja Božansku Majku, dupliranje Oca, dualna manifestacija jedinice. Ako se u Br. 1 nalazi volja, u Br. 2 se nalazi imaginacija.

Broj Jedan se uvek duplira u duadu. Na kabalističkom drvetu ovaj jedan se duplira u Sina, Hrista, Instruktora Sveta.

Br. 2 je, u okviru Trimurtia, njegov drugi aspekat: Hristos. Neka se ne brka sa drugim Trimurtiem, u kom se Otac duplira u Majku, a iz ujedinjenja dvoje suprotnih rađa se treći: Hristos.

U Br. 2 postoje dva stuba: Jakin i Boaz.

U Br. 2 se nalaze simbolizovane one dve prvobitne supstance Alhemije: sumpor i merkur mudraca.

U ovom broju postoji udruživanje. Treba da učimo da udružujemo ideje, misli, obične poznate stvari, da se udružujemo sa osobama; treba da znamo da slušamo suprotna mišljenja bez da se ljutimo, da otopimo Ja gneva, da negujemo harmoniju da bi asocijacije bile harmonične.

U Br. 2 se nalaze veze: majka sa detetom, žena sa muškarcem, muškarac sa ženom, sa stvarima, sa antitezama, sa mišljenjima.

Treba da umemo da radimo sa idejama, sa poslovima u miru i spokojnosti; to je Br. 2.

• Br. 3.

Br. 3 je broj Trećeg Logosa, Binaha, Svetog Duha, koji se manifestuje seksualnom silom u svemu što jeste, što je bilo i što će biti.

Sveti Duh se duplira svojevremeno u neprikosnovenu ženu. Ovo je Majka Božanska, Kundalini-Shakti – supruga Shive, Svetog Duha.

U Arkanumu br. 3 vidimo nju. To je „Carica", Božanska Svetlost, Lična Majka svakoga od nas.

Nebeska Majka, u materijalnom domenu, označava materijalnu proizvodnju i, isto tako, u duhovnom domenu. Predstavlja, dakle, ostvarenje naših sopstvenih čežnji, aspiracija ideja.

Ali ako želimo da osvojimo plodove, da uspemo, treba da inteligentno rukujemo sa Br. 3, zato što u Br. 3 postoji harmonija, umetnost, lepota.

Sve treba da izražavamo u lepom obliku. Treba da znamo da koristimo trojku, bilo u govoru, bilo u načinu oblačenja, ako želimo da trijumfujemo.

Trojka dozvoljava realizaciju naših dragocenih čežnji. Postavljanje osnove stvara podobne uslove da se stigne do trijumfa.

Sa trojkom treba da činimo dobre stvari, oprezno, lepo, harmonično, savršeno; i da umemo da stvaramo da bismo imali ono za čim čeznemo, bilo da su poslovi, naš rad ili bilo koja stvar.

Muškarac je pozitivna sila, žena je negativna sila – neka se razume pasivna, a ljubav koja spaja oboje jeste neutralna sila. Evo overenog Br. 3.

• Br. 4

Arkanum br. 4 je „Car" u Kabali, Intiman u samoj našoj unutrašnjosti. Treba da učimo da uvek činimo volju Oca. Setimo se molitve: „Neka bude volja Tvoja, kako na nebu tako i na zemlji".

Br. 4 je tetrada. Označava stabilnost, to je osnova za ono što želimo, bilo da je reč o sklapanju braka, poslovima, putovanjima, zaposlenju itd. Ono što se traži da posedujemo treba da bude solidno, savršeno; treba da bude Kockasti kamen solidan betonski, nemojmo postavljati lažne osnove; tako će nam se sve srušiti.

Sa Br. 4 treba da postavimo čvrstu osnovu da bismo uspeli; setimo se da je četiri baza. Treba da činimo stvari pravilno, precizno, solidno, da bismo uspeli. Treba da postavimo osnove za porodične odnose. Treba da činimo stvari zamišljajući precizno, solidno, ništa a priori jer ćemo doživeti neuspeh.

U Br. 4 se nalazi ekonomski aspekat kog treba da pravilno ostvarujemo. Ekonomija ima uspone i padove; Svaki put kada nam je potrebno uzdizanje, treba da postoje solidne osnove.

Br. 4 nas podseća, takođe, na Sveti Tetragrammaton, ona četiri sloga koji definišu Boga: YOD, HE, VAU, HE.

• Br. 5

Karta Br. 5 Tarota predstavlja inicijaciju, demonstraciju, učenje, karmički zakon, filozofiju, nauku, umetnost.

Arkanum br. 5 jeste „Jerarh". To je broj rigoroznosti i zakona, broj Marsa i rata. Arkanum br. 5 Tarota nam ukazuje na učenje, na karmu. Ovaj arkanum predstavlja karmu Inicijata. Nikada ne treba da protestujemo protiv karme, važno je da znamo da pregovaramo. Podsetite se da se ne plaća samo bolom, može da se plati i čineći dobro.

Sa psihološke tačke gledišta, Br. 5 je uverenost, istraživanje, selekcija, razumevanje.

U Br. 5 vidimo izučavanje. Sa ovim brojem treba da znamo da temeljno rukujemo, refleksivno (duboko razmišljanje), analitički, tražeći, istražujući nove aspekte. Ništa ne treba da se radi nesmotreno, jer ako nisu ispunjeni ovi uslovi, pojaviće se loše stvari.

Treba da vidimo „pro" i „kontra" kod stvari kako ne bi proizašle loše stvari, da učimo da sami rasuđujemo.

Ne treba da se baziramo na projekte, nego inteligentno na činjenice, mudro, sa razumevanjem; inače, imaćemo velike neuspehe. Treba da budemo budni.

• Br. 6

Arkanum br. 6 predstavlja „Neodlučnost". Ljudsko biće se nalazi između poroka i vrline; između device i prostitutke; Uranije-Venere i Meduze. Nalazimo se u situaciji da biramo ovaj ili onaj put.

Arkanum br. 6 je opojnost, ravnoteža, ljubavno ujedinjenje između muškarca i žene. Strašna borba između ljubavi i želje. Tamo nalazimo misterije Lingam-Joni. To je brak.

U Arkanumu br. 6 nalazi se borba između dva ternara (3); jedan je potvrđivanje unutrašnjeg Hrista, a drugi je krajnje poricanje Satane. Arkanum br. 6 je borba između Duha i životinjske bestije. Br. 6 predstavlja borbu između Boga i Đavola.

U Br. 6 nalazimo erotske volje, ideje za dekoraciju (ukrašavanje), recipročnost, plodnost, zaljubljenost.

• Br. 7

Arkanum br. 7 jesu „Ratna kola" koja je realizovala Monada da bi mogla da dejstvuje snažno u ovom svetu, da bi radila u ovom životnom polju. Predstavlja već realizovanu Monadu, dejstvujući posredstvom onih svojih sedam tela.

Sa druge strane, Br. 7 znači borbe, bitke, teškoće. Pobeda Arkanuma 7 se osvaja posredstvom ovih borbi.

Trijumf se osvaja pomoću samovladanja nad nama samima, sa umećem rukovanja sopstvenim životom, odnosno, inteligentnim vođenjem kola života.

Br. 7 je veoma snažan broj. Ovde nalazimo napor duše, akcije i sliku, odgovor ili rezultat.

Sedam je broj pobede. Ipak, da je osvojimo, upliće mnogo napora i gorčine. Ovo se vidi u onih sedam kapitalnih grehova koje treba da transmutiramo u sedam vrlina.

Broj 7 je takođe efikasnost, integritet, koncentracija, milosrđe, čežnja prema uzvišenom životu.

• Br. 8

Arkanum 8 predstavlja pravičnost, pravosuđe, čvrstina, ravnoteža. Čvrstina: mač; ravnoteža: vaga. Ova čvrstina treba da se preobrazi u samu osu života, u centralnu tačku gravitacije života i naše egzistencije.

U Arkanumu br. 8 obuhvaćene su inicijatičke probe, gde postoji patnja i bol.

Osam je Jovov broj, a Jov je čovek koji je osposobljen svetim strpljenjem. Ovaj broj predstavlja život i požrtvovanje Jova, a to je put koji vodi Inicijata do Drugog rađanja. Probe su veoma grube, potrebno nam je Jovovo strpljenje; bez njega je nemoguće da se obavi ovaj rad.

Br. 8 predstavlja umerenost, kaduceus, pravična podela.

• Br. 9

Arkanum br. 9 je „Pustinjak", pažljiv i mudar, predstavlja samoću.

Devotan, u pustinji Inicijacije, budući upravo okružen od mnogo sveta, ide strašno sam.

Ovaj Arkanum, u jednom uzvišenom obliku, jeste Deveta sfera, seks.

Silaženje u Devetu sferu bilo je, u antičkim hramovima, maksimalna proba vrhovnog dostojanstva Hijerofanta. Svaka autentična Inicijacija tek odande počinje.

Neofit treba da se upozori da u Devetoj sferi postoji najveća bol. Treba da umemo da razumemo, treba da znamo da učimo da patimo, da budemo pomireni. Oni koji nisu takvi, propadaju. Nema smisla, paradoksalno je, da želimo da nađemo sreću u Devetoj sferi; bilo bi apsurdno. Jer intimna autorealizacija košta, ima svoju cenu, možda čak i sopstveni život.

Broju devet pripada takođe emocija, mudrost, darežljivost, genijalnost.

• Br. 10

U Arkanumu br. 10 nalazimo točak sudbine, kosmogonijski točak Ezekilja. Na ovom točku nalazimo borbu antiteza: Hermanubis na desnoj strani, Tiphon na levoj. Ovo je točak vekova, to je upravo točak Samsare, tragični točak koji simbolizuje zakon prastarog povratka.

Onda kada se vraćamo u ovu dolinu plača, ponavljamo iste stvari po zakonu rekurencije: sve se ponovo isto događa kao i u drugim životima.

Iznad točka Arkanuma 10 vidimo svingu nakićenu krunom sa devet metalnih vrhova. Ovo je egipatska figura, očigledno, ne nalazi se ni na desnoj strani, ni na levoj u odnosu na veliki točak.

Kruna nam govori o Devetoj sferi, o seksu, o ezoteričkom radu u Vulkanovom Užarenom ognjištu.

Očigledno, ova hijeratična slika, koja je mnogo dalje od zakona evolucije i involucije, koji su simbolizovani na desnoj i levoj strani točka, označava Put Revolucije Svesti, realnu inicijatičku mudrost...

• Br. 11

Ovaj Arkanum u Kabali je poznat kao arkanum „Uverenosti". Uverenost ili ubeđenost, sama po sebi, jeste divna sila suptilnog reda, duhovna; divna sila koja može da vlada i potčini suprotstavljajuće lavove. U svojoj suštini ona je dubinsko duhovna. Persuazija ima više moći od nasilja.

Okultna mudrost kaže: „Pojačajte vatru duha snagom ljubavi".

Treba transmutirati životinjske instinkte u volju; seksualnu strast u ljubav; bludne misli u razumevanje.

Ako kabalistički sabiramo Br 11dobijamo: 1 + 1 = 2; Arkanum br. 2 je sacerdotesa (sveštenica). Božanska Majka, a ona je po sebi samoj „Živa vatra". Naučiti da radimo sa vatrom jeste vitalno. Iz ovog razloga ona dvojka se kabalistički rastavlja na 1 muškarca + 1 žena koji treba da rade sa vatrom, u magisterijumu vatre.

Arkanum 11 jeste rad sa vatrom, sa snagom ljubavi, da bismo se preobrazili u „Žive plamenove".

• Br. 12

12. Arkanum Tarota jeste „Apostolat". Ovaj arkanum upliće požrtvovanja i patnje. Ipak, ima veoma lepu sintezu, jer 1 + 2 = 3, koji označava materijalnu i duhovnu proizvodnju.

Na karti ovog arkanuma vidimo figuru obešenog čoveka koji svojim rukama stvara trougao, a sa nogama krst.

Krst ima četiri vrha. Inicijatički krst je falički, unošenje vertikalnog falusa u ženski horizontalni cteis stvara krst. To je krst Inicijacije koji treba da uzmemo na naša ramena.

Svaki rad ima za cilj osvajanje duše, odnosno, da se spoji krst sa trouglom.; ovo je Veliko Delo.

12. karta Tarota jeste seksualna Alhemija. Krst čoveka treba da se poveže sa trouglom Duha, posredstvom seksualne vatre.

• Br. 13

Arkanum br. 13, smrt, sadrži dva aspekta: prvi aspekat znači smrt svih ljudskih bića, a drugi ima ezoteričko značenje smrti.

Prva stvar koja treba da se uradi da bismo umrli jeste da otopimo Ja, entitet koji je ansambl demona i kog Egipćani nazivaju „Crveni demoni Setha".

Trinaesta karta sadrži Judino Jevanđelje. Juda predstavlja smrt Ego-a.

Broj 13 je smrt, ali može da znači i nešto novo. Može da bude reč o bogatstvu ili siromaštvu. To je broj velikih sinteza.

• Br. 14

Duboka mudrost Arkanuma br. 14 deli se, klasično, na tri dela:

Transmutacija

Predstavlja smešu Belog eliksira sa Crvenim eliksirom. Beli eliksir je žena, a Crveni eliksir je muškarac, bez kojih je nemoguće da se izradi Eliksir Dugog života.

Kada se septenar-muškarac seksualno ujedini sa septenarom-ženom, stvara se suma koja daje rezultat 14. Arkanum Tarota.

Transformacija

Postoje mnogi oblici transformacija energije. Može da se pretvara jedna energija u drugu, na primer, mržnja u ljubav.

Poznato je, u okviru ezoteričke mudrosti, da Inicijat treba da se pretvori u pticu, u jastreba sa čovečijom glavom, onda kada se otopi Ja...

Transsupstancijacija

Ne može se pobiti činjenica da, posredstvom Sahaje Majtune, možemo i treba da pretvaramo ens seminis u energiju. Pretvoriti hleb, meso i vino u realnu krv, živu i filozofsku vatru, znači ostvariti čudo Transsupstancijacije.

• Br. 15

Arkanum 15. Tarota predstavlja Mendezovog jarca, Lucifera, Tiphon Baphomet, Đavo.

Misterija Baphometa se zasniva na seksualnoj transmutaciji.

Tiphon Baphomet je solarna refleksija u nama, ovde i sada.

Lucifer-Baphomet uvek daje seksualni impuls. Ako ga obuzdamo u seksualnom aktu, dobijamo transmutaciju.

Lucifer daje veliki impuls; ali ako ubodemo kopljem volje njegovo rebro, pobedićemo ga. Iskušenje je vatra; pobeda nad iskušenjem je svetlost.

Ako pobedimo iskušenje, u našoj psihi će nići dragoceno blago vrlina.

Ako će nas nadvaladati životinjska strast i blud 15. Arkanuma, neizbežno padamo.

Iz ovog razloga, Lucifer je lestvica za uzdizanje i lestvica za silaženje.

„Alhemičar treba da ukrade od Đavola vatru.“ Kada radimo sa Arkanumom A.Z.F krademo Đavolu vatru; tako se preobražavamo u Bogove. Ovo je misterija Alhemije.

• Br. 16

Arkanum br. 16 je „Srušeni toranj“; to je Babelov toranj.

Mnogo je Inicijata koji dopuste sebi da padaju. Mnogo je srušenih tornjeva. Svaki Inicijat koji prosipa Hermesovu posudu neizbežno pada.

Sveti simbol beskonačnosti predstavlja mozak srce i seks. Ako seks nadvlada mozak, stupa pad, srušeni toranj, petokraka zvezda sa obrnutim vrhovima, pentagram sa glavom nadole. Čovek sa glavom nadole, sa obe noge u vis, bačen je u dubinu ambisa.

Arkanum 16. je veoma opasan. Potrebno je da probudimo Svest da ne bismo bili slepi i da ne padnemo u ambis propasti. Slepi mogu da padnu u ambis.

Onaj ko bude prosuo Hermesovu posudu pada sa Arkanumom 16. koji je „srušeni toranj"; to su oni koji nisu uspeli u Velikom Delu Oca.

Br. 17

Ako pažljivo proučavamo ezoteričku sadržinu ovog arkanuma, otkrivamo savršenu Alhemiju. Potrebno je da radimo sa zlatom i srebrom, sa Suncem i Mesecom, da bismo inkarnirali zvezdu sa osam vrhova, Zvezdu Danicu.

Realno, zvezda sa osam vrhova je Venera. Onaj koji dotakne Venersku Inicijaciju ima sreću da inkarnira Zmaja Mudrosti – unutrašnjeg Hrista.

Arkanum br. 17, „zvezda nade", jeste taj koji je sposoban da stigne do Venerske inkarnacije. Ako sabiramo ovaj arkanum, daje nam 1 + 7 = 8, Jovov broj: strpljenje.

Arkanum 17 je nada i iščekivanje. Treba da umemo da budemo strpljivi. Treba da znamo da budemo vedri i spokojni.

• Br. 18

Arkanum 18. izražava fatalni ili negativni aspekat Devete sfere. Pomenuti aspekat se nalazi u sferama Lilith i Nahemah. Očigledno je da su Pakleni svetovi infraseksualni.

Mračni neprestano napadaju one koji pokušavaju da osvoje bilo koji stepen okultne masonerije u kičmenom stubu.

U Unutrašnjim svetovima mračni Arkanuma 18 nasilno napadaju studenta. „Nebo se jurišem osvaja; hrabri su ga osvojili.“

Ovaj put je prepun opasnosti i iznutra i spolja. Mnogo je onih koji započinju, malo je njih koji stižu do kraja. Najveći deo skreće na crni put. U Arkanumu 18. postoje suptilne opasnosti koje student ignoriše.

U ovom strašnom arkanumu nalazimo čarobne napitke i vračarstvo iz Tesalije. Vradžbinske knjige su ispunjene mračnim receptima koji su specifični Arkanumu 18: magične erotične ceremonije, rituali da budeš voljen, čarobni opasni napici itd. treba da opomenemo gnostičke studente da je najopasniji čarobni napitak kog koriste mračni, da bi skrenuli studenta sa Puta Sečiva noža, intelekt, bilo da ga pozivaju da ejakulira seminalnu tečnost, bilo da ga skrenu, čineći da vidi škole, teorije itd.

• Br. 19

Arkanum 19. je arkanum „delo Sunca“. Muškarac i žena koji se drže za ruke i Sunce koje sija iznad njih, pokazuje nam činjenicu da je ovaj arkanum u vezi sa Misterijom vatre. Moguće je da stignemo do autorealizacije samo posredstvom seksualne transmutacije. Ovo je sveti savez između žene i muškarca radi Velikog Dela.

Ovaj Arkanum br. 19 jeste arkanum saveza i pobede. Ova velika alijansa ima mnogo aspekata.

Kao što ovde, dole, postoji velika alijansa između muškarca i žene, da bi dotakli Iluminaciju, potrebna je druga velika alijansa, tamo gore.

Treba da se fuzionišu one dve Duše: muška Ljudska Duša sa ženskom Duhovnom Dušom. Ovo se ne osvaja ako se prethodno ne izbaci Ja i ako se ne odstrani telo želje. One dve Duše treba da budu jedna jedina.

• Br. 20

Arkanum 20. je „Vaskrsenje". Da bi postojalo vaskrsenje, potrebno je da pre toga postoji smrt; bez nje ne postoji vaskrsenje. Potrebno je da razumemo da se iz smrti pojavljuje život.

Postoji tri vrste vaskrsenja:

Duhovno vaskrsenje. Pojavljuje se zajedno sa Inicijacijom. Treba da vaskrsnemo na duhovnom nivou, prvo u vatri, potom u svetlosti. Odnosno, prvo podižemo onih Sedam Vatrenih zmija i potom onih Sedam Svetlosnih zmija, osvajajući tako Venersku Inicijaciju i duhovno vaskrsenje.

Vaskrsenje sa „Telom Oslobođenja". Ovo se realizuje u Višim svetovima. Ovim „Rajskim telom" Adepti mogu da uđu u fizički svet i da rade u okviru ovog, čineći da budu vidljivi i dodirljivi po volji.

Vaskrsenje sa fizičkim telom. Trećeg dana, Inicijat, u astralnom telu dolazi ispred svog Svetog Groba. Inicijat doziva svoje telo i ono se, uz pomoć Božanskih jerarhija, diže ulazeći u hiperprostor. Tako se to radi da bi se uteklo iz groba.

Niko ne može da prođe kroz drugo ili treće vaskrsenje ako nije pre toga prošao kroz duhovno vaskrsenje.

Br. 21

Arkanum br. 21 jeste „Ludak Tarota". Kabalistički zbir nam daje 2 + 1 = 3. U ovom Arkanumu 21, Inicijat treba da se bori protiv tri izdajnika Hirama Abifa: Demona Želje, Demona Pameti i Demona Zle volje.

Nikada nismo u većoj opasnosti da postanemo demon, nego onda kada smo blizu da postanemo anđeo.

Arkanum br, 21, „Transmutacija", pokazuje činjenicu da treba da transmutiramo. Onaj ko radi na autorealizaciji, sklon je da čini gluposti. Kada alhemičar prosipa Hermesovu posudu, pretvara se u stvari u „Ludaka Tarota": neuračunljivost. Svaki Inicijat koji dopušta sebi da pada jeste, realno, Ludak Tarota.

Arkanum 21 predstavlja poraz i može se predstaviti pomoću obrnute petokrake zvezde, koja predstavlja Crnu magiju.

U Arkanumu 21. opasnost je prikazana krokodilovom tačnošću. Ludilo, greška se sastoji udaljavanjem sa Puta.

• Br. 22

Arkanum 22 je Kruna (Venac) Života, povratak ka svetlosti, inkarnacija Istine u nama.

Arkanum 22, kada se kabalistički sabira daje nam: 2 + 2 = 4 – Tetragrammaton. Rezultat je Sveto Četiri, misteriozni Tetragrammaton, Yod-He-Vau-He; muškarac, žena, vatra i voda; muškarac, žena, falus i uterus. Sada ćemo razumeti zašto je Arkanum 22 Kruna Života.

Apokalipsa kaže: „Budi veran do smrti, a ja ću ti dati Krunu Života!".

Onaj ko prima Krunu Života oslobađa se točka povrataka, rekurencija i karme.

Kruna Života je naš blistavi Zmaj Mudrosti, unutrašnji Hrist. Svaki Sveti koji dotakne Venersku Inicijaciju, prima Krunu Života.

Napomena: Čitav ovaj odlomak u vezi sa brojevima bio je u celosti izvađen iz dela Venerabilnog Majstora Samael Aun Weora.

BRONZA

• Drugi način da se simbolizuje merkur. Zato se u alhemiji kaže da treba da pređemo „bronzano more".

• Ako nam se poklanja medalja, novčić ili predmet od bronze, to je poziv na rad u Arkanumu A.Z.F.

BUBA

• Astralne larve i loše vibracije u našoj blizini.

BUBAMARA

• Dobre vesti koje ćemo od nekog primiti.

BUBANJ

• Podstrek da budemo pripremni za rat sa samim sobom.

• Ako slušamo zvuke različitih bubnjeva, pozvani smo na unutrašnji rat.

BUBULJICA

• Psihološka nečistota.

• Ako stavljamo neki melem na bubuljicu koju imamo na licu ili telu, traži se od nas da se psihološki pročistimo posredstvom unutrašnjeg rada.

BUĐ

• Entropija.

• Ako vidimo buđ na zidovima, znači da posedujemo vrednosti u nekoj mumiji, koja nam pripada i potrebno je da ih ponovo vratimo.

BUNAR

• Mudrost.

• Ako vidimo bunar želja, gde se bacaju novčići, simbolizuje činjenicu da ako želimo da osvojimo mudrost, potrebno nam je da prvo platimo desetke (dugove) Zakonu.

• Ako ima vode, takođe predstavlja lustralnu (prečišćavajuću) alhemijsku vodu. To je seksualno skladište, koje sadrži haotične vode prvog trenutka.

• Ako vadimo vodu iz bunara, pokazuje nam se činjenica da treba da se spustimo u bunar Devete sfere.

BUNDEVA

• Magična moć. Predstavlja takođe seksualne sile i životne struje čovečanstva.

• Ako kuvamo i jedemo bundevu, simbolizuje da se hranimo superiornim silama.

• Ako nam se poklanja lepa bundeva, ovo znači da ćemo uskoro primiti pomoć.

BUVA

• Vidi *Paraziti*.

C

CAR	• Vidi *Kralj*.
CARINA	• Kontrole Velikog Zakona.
	• Ako smo zadržani na carini, simbolizuje činjenicu da će nam Veliki Zakon zatražiti da se karmički odužimo, kako bismo nastavili put ili da bismo završili neki projekat.
CEMENT	• Smeša alhemijskog sumpora i merkura da bi se izgradio naš unutrašnji hram.
	• Ako nam se poklanja cement, simbolizuje činjenicu da ćemo dobiti pomoć u unutrašnjem delu.
CEVI	• Vodovod kuda struje naše alhemijske vode.
	• Vidi *Instalater*.
CIGANI	• Psihološki agregati koji žele da nas prevare i da nam ukradu vrednosti.
CIKADA (cvrčak)	• Buđenje svesti.
CIKLON	• Približavaju se neočekivane neprijatne i bolne okolnosti.

• Može, takođe, da predstavlja oluje karme koje dolaze da nam naplate stare dugove.

• Takođe, može da simbolizuje silu uragana Ja, koji se protiv nas pokreće.

CIPELE

• Putovanje u fizičkom svetu ili duhovno putovanje na ezoteričkom putu.

• Ako su nove i lepe, simbolizuju činjenicu da ćemo obaviti komotno putovanje uz božansku zaštitu. Takođe može da alegoriše pomoć za neki projekat kog bi uskoro trebalo da započnemo.

• Ako su stare, govori nam se o ne baš komotnom putovanju.

• Ako su neudobne, govori nam se o putovanju sa mnogo smetnji.

• Ako ih gubimo, označava nam se putovanje koje će ispariti. Takođe može da pokazuje činjenicu da je potrebno da se bolje pripremimo za ezoterički put.

• Ako su nam male, najavljuje putovanje ispunjeno nedaćama.

• Ako su nam velike, pokazuje činjenicu da će biti ekstravagantno putovanje.

• Ako vidimo čizme sa krilima, simbolizuje radnje sa Bogom Merkurom.

CRKVA

• Vidi *Hram*.

CRNI PANTER

• Seksualna sila.

• Ako nas napada, pokazuje činjenicu da ćemo pretrpeti seksualne napade.

• Ako se do nas približi miran, simbolizuje činjenicu da je seksualni instinkt pod kontrolom.

• Ako je ranjen, simbolizuje činjenicu da treba da uravnotežimo seksualni centar.

CRVENA REPA

• Vidi *Povrće*.

CRVI
• Ako su obični, predstavljaju astralne larve, involutivna stanja.

• Ako su svilene bube, pokazuju duhovni rast, dušu koja sebi tka odelo.

CUNAMI
• Predviđa veoma delikatnu situaciju koja će nas zateći. Poziva nas da budemo veoma pažljivi kako nas ne bi za sobom odvele okolnosti.

• Takođe može da bude proročka vizija nečeg što će se kasnije dogoditi u fizičkom svetu.

CURENJE
iz slavine
• Rasipanje naših emocionalnih, motoričkih i seksualnih energija.

CVEĆE
• Ljudske vrline. Onako kako nam proleće donosi darove cveća nakon oštre zime, isto tako možemo reći da, nakon teških borbi vođenih u areni egzistencije, duša ubire cveće odgovarajućih vrlina, koje se osvajaju u psihološkoj gimnaziji svakodnevnog života.

• Ako nam se daje buket cveća, simbolizuje da radimo na osvajanju vrlina.

• Ako cveće ima jednu od onih četiri alhemijskih boja, može da predstavlja jedno od svedočanstava Hermetičke umetnosti. Vidi *Boje*.

• Ako je lotosov cvet, može da simbolizuje čakre.

• Ako je divni cvet, može da predstavlja solarnog Logosa, našeg gospoda Kecalkoatla.

• Vidi, takođe, *Ruža*.

CVRČAK
• Istrajnost i potreba da se pojača stanje budne percepcije, spremnost za novini, u fizičkom svetu i u astralnom svetu.

Č

ČAPLJA	• Vidi *Ptice*.
ČARAPE	• Potreba da budemo zaštićeni na početku puta.
ČASOVNIK	• Vreme.

• Ako nam se daje časovnik, treba da vidimo koji sat pokazuje, jer časovnik pravi aluziju na satove Apolonijusa iz Tyane, na onih dvanaest Herkulovih zadataka.

• Specijalno, peščani sat nas podseća na smrt. Peščani sat pripada atributima boga Vremena, Kronosu, to je sat koji treba da se obrne jednom i još jednom da bi funkcionisao, a to pravi aluziju na ciklični prolazak vremena, odnosno, na večiti povratak svih stvari. Poziva nas, dakle, da reflektujemo o činjenici da je vreme koje nam je dato kratko da bismo realizovali gigantsko delo – Veliko Delo, i da bi bilo žalosno da ga potrošimo na nesupstancijalne i površne stvari. Ovaj stari simbol kaže: „Vreme prolazi brže nego tvoja prašina". Prema tome, potrebno je da ubrzamo unutrašnji rad.

ČAŠA	• Vidi *Pehar*.
ČEKIĆ	• Volja. Pozvani smo da stvorimo svesnu volju.
ČELIK	• Vidi *Gvožđe*.
ČEMPRES	• Unutrašnje Biće.

ČEMPRES
• Takođe, može da bude predviđanje nekih pogrebnih stvari koje ćemo morati da doživimo zbog smrti neke poznate osobe.

• Vidi *Drvo*.

ČIODA
• Vidi *Igla*

ČISTITI
• Prečišćavanje psihe ili karmičkih dugova.

• Ako sebe vidimo kako brišemo prašinu u svojoj kući, to je poziv da sebi očistimo psihu od subjektivnih stanja, odnosno, od naših Ja-ova. Takođe, može da ukazuje na činjenicu da očistimo prašinu karmičkih dugova, koju smo vekovima akumulirali.

• Ako peremo vodom iz kabla, simbolizuje da peremo karmu alhemijskom silom.

ČISTITI
• Čišćenje ili eliminacija karme.

• Ako se vidimo kako čistimo kuću, simbolizuje da treba da očistimo naše psihološke dubine.

• Ako čistimo mnogo peska u unutrašnjosti naše kuće, simbolizuje da peremo karmu iz prošlosti.

ČIZME
• Vidi *Cipele*.

ČOKOLADA
• Vidi *Slatkiši*.

ČVOR
• Problemi, traume, prepreke na našem putu.

• Ako odrešavamo čvorove, simbolizuje da ćemo rešiti probleme koji nam se pojavljuju.

D

DAŽBINE	• Ako plaćamo dažbine, pokazuje nam činjenicu da treba da platimo dugove prema višem Velikom zakonu, Božanskom zakonu.
DECA	• Ako je njihov stav superioran, simbolizuju Majstore Belog Bratstva.
	• Ako je o veoma lepom detetu, takođe može da predstavlja bezazlenost duše.
	• Ako je stav dece egoičan, simbolizuje Ja-ove naše psihologije.
	• Ako se dečak i devojčica igraju i ljube se bezazleno, simbolizuju sublimiranu alhemijsku ljubav.
DEDA	• Vidi *Starci*.
DELFIN	• Vodnjikasta materija ili merkur koji spašava duše i izbavlja ih posredstvom svete tajne alhemijske ljubavi.
	• Ako je beo, simbolizuje merkur koji je već izbeljen.

• Ako nosi na leđima arku ili barku, predstavlja merkur koji nosi arku spasenja ili Veliki Arkanum.

DEMON
• Vidi *Đavo*.

DEPILIRATI
• Poziv da odstranimo nelagodnosti iz našeg života.

DETELINA
• Ako ima tri lista, predstavlja Tri Primarne sile. Može takođe da predstavlja pravilan način mišljenja, osećanja i delovanja. Najavljuje, takođe, sreću.

• Ako ima četiri lista i mi ga nađemo na putu, najavljuje unutrašnju pomoć, božansku zaštitu, uspehe na hermetičkom putu.

DEVICA
• Bog Majka, Izis, naša unutrašnja majčica.

DIJAMANT
• Večite vrednosti Duha.

DIM
• Konfuzija, problemi, neredi.

DINJA
• Vidi *Voće*.

DIVAN
• Vidi *Sofa*.

DIVLJA SVINJA
• Egoični instinkti u našoj unutrašnjosti i, specijalno, skoro uvek, nehumani elementi bluda i gneva.

• Ako nas napada, opomenuti smo činjenicom da će nas određeni psihološki agregat — najverovatnije blud, napasti.

• Ako ga ubijamo, simbolizuje činjenicu da treba da ubijemo taj agregat ili da je već mrtav u nama.

DIZATI (se)
• Vidi *Uzdizanje*.

DLETO
• Inteligencija u unutrašnjem radu. Potreba da se dletom probiju psihološki agregati.

DOBA
• Od 10 do 90 godina jesu Minorne misterije.

• Od 100 do 900 jesu Majorne misterije.

• Od 1000 i više jesu doba Bogova.

• Ako nam se kaže da neki učenik ima 80 godina, kada rastavimo ovaj broj imamo 8 + 0 = 8. Ovo nam pokazuje da ima osmu Inicijaciju Minornih misterija.

• Ako nam se kaže da neki Majstor ima 300 godina, kada rastavimo imamo 3 + 0 + 0 = 3. Ovo nam pokazuje činjenicu da Majstor ima treću Inicijaciju Majornih misterija. Ako Majstor ima 340 godina, tvrdi se da Majstor ima treću Inicijaciju Majornih misterija plus 40 godina ili stepeni iz četvrte Inicijacije Majornih misterija.

• Da bi se prodrlo u neprikosnovenu sreću Apsoluta, potrebno je doba od 300.000 božanskih godina.

DOJITI

• Ako nas neko doji: potreba da se hranimo na duhovnom nivou.

• Ako mi nekoga dojimo: potreba da se dotičnom daje fizička ili duševna snaga.

DOMINO (igra)

• Hazard.

• Ako vidimo neku osobu ispred domina, znači da ta osoba stavlja na kocku svoju sudbinu.

DONJI VEŠ

• Ako se vidimo u donjem vešu, simbolizuje činjenicu da ćemo biti obuhvaćeni moralnim patnjama.

• Ako nam se poklanja, znači da ćemo primiti moralnu pomoć.

• Ako ga peremo, znači da peremo karmu za prestupe protiv Svetog Duha, moralnu karmu.

• Ako je prljav, simbolizuje da imamo potrebu da brinemo o našoj seksualnosti jer je moguće da nema dovoljno rafiniranja.

DRUŠTVENE IGRE

• Ako nam se poklanja takva igra ili se vidimo igrajući, može da pokazuje transakcije i pokrete koje treba da ostvarimo u našim životima.

DRVO

• U zavisnosti od vrste stabla, može fundamentalno da predstavlja dve stvari:

- 1. Drvo Života – drvo Kabale: Boga u našoj unutrašnjosti.

- 2. Drvo spoznaje Dobra i Zla: seks.

• Iz ovog gornjeg proizilaze sledeći primeri:

– Sa cvećem: 1. Biće počinje da cveta i oživljavlja u našoj unutrašnjosti. 2. Sveta Alhemija poklanja vrline devotanu. Ako su tonovi oni koje znamo u okviru one četiri alhemijske boje, pokazuje promenu u vodama. Vidi *Vode*.

– Sa suvim granama: 1. Biće je neaktivno u nama zbog nedostatka unutrašnjeg rada. 2. Suši se seksualna sila i udaljuje nas od Bića.

• U nekim prilikama, ovaj simbol se odnosi na osobu koja je u vezi sa gnostičkom spoznajom. Posredstvom analogije možemo imati sledeće snove:

– Ako je posečeno ili je palo na zemlju: neko napušta put.

– Ako je iščupano iz korena: neko ko napušta put i koji se na njega ne vraća.

DUG

• Karmičke naplate koje treba da platimo.

DUGA

• Alijansa između nas i božanstva.

• Ako se duga nalazi iznad naše kuće, to simbolizuje da nebo blagosilja naš rad.

• Ako nađemo blago ispod duge, simbolizuje činjenicu da ćemo uz božansku pomoć naći blago naše svetlosti – Biće.

• Takođe može da najavljuje približavanje nekih promena u bojama vode. Predstavlja transmutacije filozofskog merkura.

DUPLJA

• Vidi *Jama*.

DVOGLED

• Vidi *Lupa*.

Đ

ĐAVO

• Naš intimni Lucifer, jedan od delova našeg Bića koga treba da izbelimo pomoću Alhemije i smrću Ja-ova. On je naš trener, naš vaspitač; on nas iskušava sa ciljem da nas trenira, vaspitava. Samo je tako moguće da se u našoj psihi pojavi dragoceno kamenje vrlina.

• Ako vidimo Đavola sa neprijateljskim stavom, simbolizuje činjenicu da nas isprobava ili će nas isprobavati na psihološkom nivou.

• Ako ima prijateljski i uzvišeni stav, otkriva nam da postaje naš saveznik.

ĐUBRE

• Egoički otpaci, posledica akcije psihološkog Ja, šljaka i prljavština koju imamo u unutrašnjosti.

E

EKSER
• Predviđanje bola. Ako neko već ide tajnim putem, može da bude predznak bolne probe koja se približava.

• Ako vidimo tri eksera može da bude alegorija onih Triju Pročišćenja preko gvožđa i vatre uoči vaskrsenja Gospoda. Prvo odgovara Prvoj planini; drugo se odnosi na prvih devet zadataka Herkulesa na Drugoj planini; treće je u korespondenciji sa osam godina Jova, na kraju Druge planine.

EKSPEDICIJA
• Priprema za unutrašnje samootkrivanje.

EKSPLOZIJA
• Značajni ili nepovoljni događaji kojima ćemo prisustvovati.

• Ako vidimo kako neka kuća eksplodira, najavljuje probleme koji će se dogoditi u našoj unutrašnjosti.

• Ako vidimo da eksplodiraju kola, može da bude najava pojave bolesti našeg fizičkog tela.

ELEKTRICITET
• Seksualna sila.

• Ako nam se ukida struja, najavljuje nam se činjenica da će nam se ukinuti seksualna sila.

• Vidi *Električar*.

ELEKTRIČAR

• Može da bude jedan deo Bića koji je u vezi sa našim seksualnim elektricitetom ili agent Zakona koji nadgleda naš alhemijski rad.

• Ako dolazi da nam opravi električne kablove, ova stvar hoće da kaže da nam Veliki zakon dopušta da radimo sa Arkanumom A.Z.F.

• Vidi *Elektricitet*.

F

FALUS

• Seksualna snaga. Može takođe da bude poziv da doživljavamo misterije Alhemije.

• Ako sebe vidimo sa ogromnim falusom, može da pokazuje činjenicu da postoji velika seksualna sila. To je poziv da iskoristimo tu erotičku silu u alhemijskom radu sa Trećim Logosom.

FARAON

• Ako vidimo nekoga kao faraona, može da bude činjenica da je ta osoba imala tu ulogu u starom Egiptu. Ako vidimo sebe takvog, moguće da je reč o nekom našem životu u toj epohi.

• Takođe može da predstavlja Biće.

FARMA

• Poziv na jednostavnost.

FAZAN

• Naš intimni Hristos.

• Takođe predstavlja četvrto svedočanstvo Alhemije: vode koje su već oplođene sumporom i koje su pripremljene da stvaraju tela.

• Vidi *Ptice*.

FENIKS (ptica)	• Najava pobeda. Predviđanje činjenice da ćemo se preporoditi iz naših poraza.
FLAUTA	• Zvuk prisutnosti Oca.
	• Vidi *Muzički instrument*.
FLEKA	• Crvene mrlje na našoj koži mogu da simbolizuju bolest koju imamo u eteričnom telu ili može da simbolizuje Karma Sayu: dugove iz drugih života zbog atentata protiv Svetog Duha.
FOKA (tuljan)	• Prilagođavanje na različite okolnosti života, zato što ona može da živi i u moru i na kopnu.
FOTOGRAFIJA	• Naša psihološka lica. Može takođe da predstavlja sećanja iz prošlih života.
FRIŽIDER	• Naša hladnoća u odnosu na stvari Duha. • Ako nam se poklanja, može da simbolizuje činjenicu da nas neko upliće u stvari koje će nas ohladiti na duhovnom nivou.

G

GALEB
- Božanstvo koje nas pozdravlja.
- Takođe je aluzija na alhemijske i psihološke sublimacije.
- Moguće je da bude najava mogućeg razilaženja.
- Vidi *Ptice*.

GARAŽA
- Okultna stanja naše pameti.

GAVRAN
- Posmrtna životinja koja simbolizuje Saturn: mistička smrt. Po onome kako ga vidimo, najavljuje nešto u vezi sa unutrašnjom smrću.
- Ako ga vidimo kako jede leš, simbolizuje činjenicu da dobro napredujemo sa svojom psihološkom smrću ili da smo pozvani da umiremo više.
- Takođe predstavlja prvo svedočanstvo Alhemije: spermatičke vode u svom stanju truljenja.
- Vidi *Ptice*.

GAZELA
- Stanja duševne čistote, vrline duše.

GIGANT	• Ako su mu ponašanje ili karakteristike višeg reda, može da bude reč o jednom delu Bića.
	• Ako ima niža obeležja, može da simbolizuje Golijata: veoma snažni psihološki agregat u nama.
	• Ako je od kamena, znači da je ojačan i može da nas vodi isključivo u involuciju. Može da bude reč o našem glavnom psihološkom obeležju.
	• Ako je od leda i prati nas da nam nanese zlo, jeste Ja lunarne hladnoće koji želi da nam zamrzne čežnje.
GIMNAZIJA	• Ako se vidimo u nekoj akademiji ili gimnaziji, opominje nas da nam se približavaju neprijatne psihološke okolnosti: psihološka gimnazija. To je poziv, dakle, da transformišemo impresije kako se ne bismo poistovećivali (identifikovali).
GITARA	• Radost
	• Vidi *Muzički instrument*.
GLUMCI	• Ja-ovi ili agregati.
	• Kada ih vidimo kako izvode uloge, predstavljaju Ja-ove u akciji.
GLUVILO	• Nedostatak razumevanja.
	• Ako smo sa nekim ko je gluv, simbolizuje činjenicu da nas ta osoba neće razumeti.
GLJIVE	• Ako se nalaze na našem telu, simbolizuju astralne larve.
	• Ako se nalaze u kući, simbolizuju loše energije i potrebu da se dimom pročisti astralna atmosfera dotične kuće.
	• Vidi *Pečurke*.
GNEZDO	• Predskazuje činjenicu da se pripremaju duhovna rađanja u nama.
GODINE	• Vidi *Doba*.

GODIŠNJICA • Slavljenje nekog stepena kog je postigla duša.

GOJAZNOST • Vidi *Gojiti se.*

GOJITI (se) • Ako sebe vidimo ili nekog drugog debelog, ako smo u realnosti mršavi, simbolizuje činjenicu da smo debeli na psihološkom nivou i, kao posledica toga, potrebno je da oslabimo sve većim umiranjem u nama samima.

GOLUB • Presveti Sveti Duh. Sedam darova Svetog Duha — mudrost, razumevanje, dobar savet, snaga, nauka, pobožnost i strah od Boga, bili su alegorisani uz pomoć sedam golubova na mnogim oltarima i reljefima hrišćanskih katedrala.

• Takođe je simbol mudrosti i umerenosti.

• Ako je beli, predstavlja metalni sumpor merkura, drugo svedočanstvo koje treba da pronađe alhemičar u svojim laboratorijskim radovima.

• Vidi *Ptice.*

GORILA • Ja, životinjski Ego.

GRAD (padavina) • Vidi *Led.*

GRAŠAK • Seksualno seme.

• Vidi *Zeleniš.*

GRBAV • Nenormalnost u našoj psihi, odnosno, psihološki agregati.

• Može da znači, takođe, da vučemo za sobom veoma težak psihološki balast (suvišan teret).

GREDA • Potreba za podrškom, moguće je moralnom, doktrinarnom, organizatorskom, ekonomskom ili drugom vrstom.

• Ako nam se kaže da stavimo gredu u neku kuću, ukazuje nam se činjenica da treba da osnažimo psihološku stabilnost. Potreba za više samoopažanja i refleksije.

GRMLJAVINA	• Ako čujemo jaku grmljavinu, može biti najava da će nam Biće uskoro dati lekciju, ili će se Veliki Zakon manifestovati silom nad nečim u vezi sa nama.
GROB	• Vidi *Smrt* i *Mrtvački kovčeg*.
GROBLJE	• Poziv na mističku smrt.
	• Alhemijska stanja truljenja.
GROMOBRAN	• Prihvatanje božanskih sila.
GROTESKNE slike	• Mnogobrojni đavolski agregati koji sastavljaju opskurni deo ljudske psihe i čiji je cilj da izvade iz nas spermatičke vode kako bi potpuno ovladali našim organskim centrima.
GROZNICA	• Gubitak vitalnosti u eteričnom telu.
GROŽĐE	• Hristička sila.
	• Takođe je simbol seksualnog semena.
	• Ako ga jedemo, pokazuje činjenicu da nas sveta Alhemija hrani na unutrašnjem nivou. Praktike Velikog Arkanuma su dobro ostvarene.
	• Vidi *Seme* i *Vino*.
GUJA	• Vidi *Zmija*.
GUSAR	• Ja-ovi i agregati u neredu i prevari.
	• Takođe je reč o nekom minulom životu, ako se vidimo u nekom ambijentu dotične epohe i odeveni u odelo tog vremena.
GUSKA (divlja)	• Prilagođavanje na životne stvari.
	• Vidi *Ptice*.
GUSKA (obična)	• Dobri vodič.
	• Takođe može da predstavlja stanje budne percepcije, spremni prema novini.
	• Takođe, vidi *Ptice*.

GUŠTER	• Potreba za interiorizacijom, da se uđe u unutrašnjost naše filozofske zemlje – u nas same.
GVOŽĐE	• Kao nečist metal, može da simbolizuje duhovnu hladnoću i, takođe, Gvozdeno doba. • Kao metal koji je u asocijaciji sa Marsom, može da bude takođe podstrek ka osvajanju sposobnosti ove planete i samog metala: istrajnost i volja.

H

HALJINA

• Odeća duše, unutrašnja tela koja treba da odenu svaku dušu koja želi da bude prisutna na slavlju pameti – Božije carstvo, naš unutrašnji Car, Biće.

• Ako nam neko poklanja lepu haljinu, simbolizuje pomoć radi stvaranja odeće duše.

• Ako se vidimo u pocepanoj ili staroj haljini, pokazuje činjenicu da nismo vodili brigu o našem unutrašnjem životu.

• Ako sebe vidimo kako šijemo haljinu ili neku odeću, označava činjenicu da radimo radi stvaranja unutrašnjeg života.

HELIKOPTER

• Samoopažanje. Potreba da realizujemo letove iznad naše psihološke domovine.

HEMIJSKA
olovka

• Potreba da se u datom momentu o nečemu piše.

• Takođe je instrument faličkog predstavljanja.

• Ako nam se poklanja lepa hemijska olovka, pokazuje nam se činjenica da ćemo primiti pomoć da pišemo u vezi sa značajnim stvarima.

• Ako je neko ubijen pomoću hemijske olovke, ova stvar hoće da kaže da je vrlo moguće da ćemo morati da o nekome pišemo grube stvari. Ili, takođe, moći ćemo da pišemo stvari iz zle-volje, tako da nekome naškodimo.

HIJENA

• Zla volja.

• Takođe može da predstavlja veoma divlje agregate besa.

HIPOPOTAM

• Ogromna utroba Velike Majke. Setimo se boginje Hipopotam, u starom Egiptu, nazvane Teuris.

• Predstavlja takođe misteriju seksualne vode.

HIRURG

•Potreba za autodisekcijom, da se samoanaliziramo.

• Vidi *Lekar*.

HLEB

• Gnostička mudrost kojom treba da svakodnevno hranimo dušu. Zato se kaže u molitvi „Oče naš": Hleb naš svakodnevni (nasušni), daj nam danas.

• Takođe predstavlja merkur mudraca kojim treba da se hranimo zajedno sa vinom alhemijskog sumpora.

• Takođe, simbolizuje telo Kosmičkog Hrista. Dobro je da se zna da se, posredstvom gnostičko-hrišćanske euharistije i pomoću svetih mantri, privlače atomi Kosmičkog Hrista za one koji su okupljeni u okviru liturgije. Ovi atomi ostaju unutar hleba i, onda kada bivaju posluženi, ulaze u krvni tok devotana i dejstvuju kao stimulansi duhovnog života. Na ovaj način razume se da za vreme euharistije jedemo telo Hrista, ali ne Hrista-čoveka, nego energetskog Hrista ili Kosmičkog Hrista.

• Ako nam se daje sveže pečen, simbolizuje činjenicu da je neki određeni alhemijski rad koji smo realizovali bio dobro urađen i da je dao plodove.

• Ako ga jedemo, takođe može da predstavlja potrebu da se hranimo gnostičkom doktrinom ili silama Kosmičkog Hrista.

HOBOTNICA

• Privezivanje naše psihe za materijalne stvari.

• Takođe, predstavlja strastvenu snagu Ego-a.

HOSTIA

• Merkur mudraca kog treba da obožavamo i da ga čuvamo kao nešto sveto. To je poziv da se pričestimo silama svete Alhemije.

• Predstavlja takođe telo intimnog Hrista.

HRAM

• Poziv da tražimo prebivalište našeg Bića.

• Ako taj hram postoji u fizičkom svetu i vidimo se kako se u njemu molimo, može da bude takođe poziv da se molimo božanstvu koje je tamo obožavano.

• Vidi *Katedrala*.

IBIS

• Naša seksualna energija, merkur tajne filozofije.

• Besmrtni Ibis i Ptica Feniks predstavljaju takođe Svetog Duha.

• Vidi *Ptica*.

IGLA

• Seksualni ubod, probe, kušnje, mogući bol.

• Ako se na nju ubodemo, simbolizuje činjenicu da se verovatno nalazimo pred situacijom seksualne opasnosti. Takođe, može da ukazuje lakši bol koji nailazi, moguće moralni.

• Ako nam se poklanja igla za šivenje ili tkanje, predlaže nam se da menjamo sudbinu, odnosno, potrebu za tkanje stvari duše na razboju egzistencije. Takođe može da bude opomena da budemo pažljivi da ne nanosimo bol drugima, niti da ga mi primimo.

IGLO

• Ako mi gradimo iglo da bismo izbegli hladnoću, znači da treba da uložimo napore kako ne bismo bili zamrznuti lunarnom hladnoćom ili entropijom.

• Ako se nalazimo u unutrašnjosti igla, a on se ruši, ova stvar upliće činjenicu da naša disciplina nije veoma jaka i da ćemo biti povređeni lošim impresijama.

IGRA (ples)

• Ako se vidimo kako profano igramo, simbolizuje činjenicu da će naići boli, verovatno moralni.

• Ako igramo sa anđelom smrti, simbolizuje da treba da se približimo do mističke smrti. Takođe, može da bude simbol neke bliže dezinkarnacije.

• Ako dično igramo u nekoj palati, može da simbolizuje stvari iz druge egzistencije. Takođe, to su svečanosti koje se priređuju u našu čast zahvaljujući unutrašnjim uspesima.

IGRA NA SREĆU

• Ako zaradimo, znači da ćemo dobiti dharmu.

• Vidi Novac.

IGRAČKA

• Poziv da tražimo nevinost.

• U zavisnosti od vrste igre, može da nam se pokazuje nešto specifično.

IME

• Aleksandar: sa fonetičke tačke gledišta podseća nas na špansku reč „alejarse"– udaljiti se. Može da pokazuje udaljavanje od opasnosti ili od puta itd.

• Alfons: predstavlja stanje uzbune ili borba protiv Ja.

• Alisa: Svest. Setimo se „Alisa u zemlji čuda".

• Ana: simbolizuje vode.

• Andrija: predstavlja Tri faktora revolucije Svesti i, specijalno, kapacitet požrtvovanja.

• Anghel: deo Bića ili jedan Majstor Bele Lože.

• Anton: znači vesnik. Vidi *I.A.O.* Takođe nam kaže da ovo ime dolazi od imena jednog mitološkog giganta nazvanog Antej.

• Armand: snažan muškarac i borac.

• Artur: predstavlja Biće.

• Aurel (Zlatko): unutrašnja uzvišenja i trijumfi. Takođe, simbolizuje „pozlaćenost", odnosno, od zlata, alhemijskog zlata.

• Avgustin: slavan, pobeda.

• Bartolomej: hrabrost, smelost.

• Beaatrice: Duhovna duša. Božanska Valkirija.

• Begonija: jedan od načina za imenovanje Božanske Majke, kod starih Baska.

• Cecilija: nebo i takođe sublimno.

• Deziderij: čežnje da se spozna Bog.

• Dolores: patnje i gorčine.

• Đema: dragocenosti Duha.

• Đorđe: onaj ko radi filozofsku zemlju, onaj ko pobeđuje Aždaju.

• Edvard: stražar.

• Ekaterina: unutrašnja čistota.

• Emil: obožavalac IO – Božanske Majke.

• Enkarna: potreba da se inkarnira božanstvo u nama.

• Ernest: čvrstina.

• Eva:simbol ženskog prototipa i seksualnih sila.

• Ezekijel (Jezekilj): onaj ko ima dar proroštva.

• Feliks: unutrašnja sreća.

• Ferdinand: hrabrost i volja.

• Fermin: istrajnost na putu.

- Filip: Džinas i astralna nauka. Filip ima divno jevanđelje: izlazaka u astral, buđenje Svesti, putovanja u stanju Džinas, Visoke praktične magije.

- Francisk(o) (Franja): vidi *I.A.O.*

- Gavrilo: blagovesti, otkrovenje.

- Grigorije: stanje budnosti i molitva.

- Hajme: strpljenje na putu. Hajme je upravo unutrašnji Jakov. Vidi *I.A.O.*

- Henrik: onaj ko se bogati.

- Hijacint: vidi *I.A.O.*

- I.A.O: I – Ignis-Vatra. A – Aqua-Voda. O – Origo-Originacija. Vatra i voda jesu originacija (poreklo) svega što je stvoreno. U Alhemiji, to je fundamentalna mantra. Ako u oniričnom svetu vidimo osobu čije ime sadrži ova tri slova, to je jasan poziv da radimo u Užarenom Vulkanovom ognjištu.

- Ignat: Onaj ko se ponovo rađa iz Vatre. Vidi *I.A.O.*

- Irina: traženje mira i harmonije.

- Isak: bunar sa živim vodama.

- Isidru: Vidi *Izidor.*

- Ismailo: proroštvo. Pokoravanje pred Izis i Njim –Intimnog.

- Isus: „Odabrani". Takođe predstavlja Intimnog Hrista.

- Izavela: to je ujedinjenje Izis i Avela. To je Ljudska duša – Avel, koji intenzivno voli svoju Budi, koja je ovde predstavljena posredstvom Izis.

- Izidor: onaj ko traži zlatnu Izis.

- Jakov: On je pokrovitelj Velikog Dela i, takođe, merkur tajne filozofije. Vidi *I.A.O.*

- Jelena: to je Budi u našoj unutrašnjosti.
- Jelisaveta: Ima isti značaj kao Izabela.
- Joakim: Vidi *I.A.O.*
- Josif: obnavljanje života. Predstavlja takođe unutrašnjeg Oca, Atmana.
- Jovan: verbum, proročanstvo, otkrovenje.
- Juda: predstavlja otapanje Ja, Ego-a. Judino jevanđelje predstavlja smrt samog Ja.
- Justin: pravednost i ravnoteža.
- Karmen: zakon karme u akciji. Takođe je Devica koja interveniše u našu koris pred Božanskim zakonom.
- Karol: recepcija svetlosti.
- Klara: unutrašnja jasnoća.
- Kristina: ona koja traži Hrista.
- Kristofor: onaj ko nosi Hrista u svojoj unutrašnjosti.
- Laurencije: antičko zlato.
- Lučija: unutrašnja svetlost.
- Luis: Izisina svetlost.
- Luka: svetao. Zakon.
- Marčelo: sublimisani merkur. Vidi *I.A.O.* Takođe je u vezi sa Marsom.
- Margareta: nada za čistotu.
- Marija: more filozofa. Božanska Majka. IO — večito muško i žensko.
- Mario: vidi *I.A.O.*
- Marko: Mars, rat protiv Ja.
- Marta: poniznost.
- Martin: to je more koje bojadiše, Alhemija.
- Mateja: nauka, spoznaja.
- Mercedes: milost i pomoć.

- Mihajlo: sila Božija. Vatra.

- Monika: jedina. Monaški život i duhovna pribranost. Vidi takođe *I.A.O.*

- Monserat: zupčasta planina – to je inicijatička planina ili „suvi put“ Alhemije. Takođe predstavlja Božansku Majku.

- Nada: potreba da se ima nade za vreme dok čekamo.

- Narcis: predstavlja defekt narcizma, samoobožavanja. Vidi *I.A.O.*

- Nikola: nepobediv. Vidi *I.A.O.*

- Paloma: Sveti Duh.

- Patricija: ona koja traži domovinu.

- Pavle: filozofija, gnoza, mudrost.

- Petar: na latinskom „Petrus“, na grčkom „Petros“, uvek predstavlja čvrsti kamen – seks, na kom treba da podignemo našu unutrašnju crkvu.

- Pilar: stub, oslonac.

- Rafaelo: Božanska medicina.

- Ramon: vatra Amona.

- Ričard: vidi *I.A.O.*

- Robert: pobednik, slavni.

- Roza: duša.

- Rozario: vidi *I.A.O.*

- Salvador: onaj ko spašava, intimni Hristos.

- Sara: predstavlja ljudsku dušu, zato daje svoje plodove samo kada ostari.

- Simeon: vernost prema Bogu.

- Soledad: tuga, melanholija.

- Stevan: pobeda posredstvom bola.

- Tereza: ona koja je posvećena magiji.

- Toma: provera ezoterizma.
- Valentin: smeo, hrabar.
- Veronika: ona koja podiže kult istini, ona koja traži istinsku ikonu, pravi lik Bića.
- Vicencije: pobednik.
- Viljam: vodič i zaštitnik.
- Zaharije: sećanje na Boga.

Napomena: u mnogim slučajevima ime se može promeniti od muškog u žensko i obrnuto, a da se pri tome ne menja njegovo značenje.

INDIJANAC

- Ako je mudar, može da bude Biće ili Majstor Bele Lože.
- Ako je instinktivan, predstavlja jedno Ja: divlje stanje u našoj unutrašnjosti.

INFILITRACIJA u kući

- Najavljuje probleme ili psihološke gimnazije.
- Nedostatak savesnosti u samoopažanju, prodiru negativne impresije spoljašnjeg sveta u našu unutrašnjost.
- Takođe može da predstavlja nedostatak psihološkog predviđanja – čiji uzroci mogu da budu bezazlenost, strah, nedostatak iskustva itd, činjenica koja nas čini da budemo izloženi ružnim spoljašnjim okolnostima.

INSEKTI

- Normalno, simbolizuju astralne larve, ali postoje insekti koji simbolizuju božanske stvari kao što su to leptiri, skarabeji ili pčele.

INSTALATER

- Taj koji ume da uspostavi kruženje alhemijskih voda.
- Ako dolazi da nam popravi instalacije u našoj kući, onda je reč o agentu Zakona ili nekom delu Bića koji će nam pomoći u Alhemiji.

INVAZIJA	• Vidi *Rat*.
ISKOPAVATI	• Ako se iskopava neki predmet ili osoba koja je bila ukopana, to znači da treba da se unesemo u unutrašnjost naše filozofske zemlje – naše sopstvene psihe, kako bismo otkrili okultne aspekte koje ne vidimo. • Simbolizuje, takođe, da ponovo oživimo naše delove koji su mrtvi.
ISPIT	• Probe, ili da bismo kvalifikovali sopstvenu duhovnu spoznaju, ili da bismo kvalifikovali naše samoopažanje i kontrolu nad sobom. • Vidi *Matematika* i *Škola*.
IZBELJIVAČ	• Univerzalni rastvarač – merkur. • Ako nešto čistimo izbeljivačem, simbolizuje da radimo sa silom Boga Merkura kako bismo očistili ili oprali psihološku kuću. • Ako belimo odelo izbeljivačem, simbolizuje da čistimo svoje unutrašnje vehikle pomoću univerzalnog rastvarača. • Ako pijemo izbeljivač, govori nam se takođe o potrebi da se pročistimo na unutrašnjem nivou pomoću naših merkurskih voda.
IZGNANSTVO	• Poziv da pokidamo naše psihološke privrženosti i da tražimo nove psihološke horizonte u sopstvenoj unutrašnjosti, odnosno, da otkrijemo aspekte koji su nam još uvek nepoznati.
IZMET	• Prljavština koju unutra nosimo – Ego. Takođe predstavlja, po zakonu suprotnosti, materijalne vrednosti i novac. • Ako voda iz neke cisterne nosi izmet, može da simbolizuje da sumu novca koju treba da primimo, nećemo primiti. Takođe, može da predstavlja činjenicu da se psihološki čistimo. Vidi *Vršiti nuždu*.

• Ako gazimo na izmetu ili ga vidimo na našem telu, najavljuje novac.

• Ako su zidovi neke kuće umazani izmetom, simbolizuje činjenicu da treba da se temeljnije očistimo na unutrašnjem nivou.

IZVOR

• Govori nam o poreklu svih stvari, o seksualnom izvoru koji je izvor života, o filozofskom merkuru.

• Vidi *Voda*.

J

JABUKA (voće)	• Seksualnost, Alhemija.
JABUKA (drvo)	• Drvo spoznaje dobra i zla, seks.
	• Vidi *Drvo*.
JAGNJE	• „Veliki žrtvenik": Intimni Hristos koji treba da doživi na unutrašnjem nivou stradanja i smrt koje je doživeo Veliki Kabir Isus.
	• Takođe je simbol četvrtog alhemijskog svedočanstva.
	• Takođe može da nam sugeriše da budemo slični jagnjetu: nežni i ponizni.
	• Predstavlja, takođe, osvajanje bezazlenosti u pameti, srcu i seksu.
	• Ako hranimo jagnje, simbolizuje da hranimo našeg unutrašnjeg Gospoda svojim unutrašnjim radom.
	• Ako vidimo da je žrtvovano jagnje ili ako sebe vidimo da ga žrtvujemo, simbolizuje potrebu da život damo za svoje bližnje uz pomoć trećeg činioca i da umiremo u nama samima.
JAGODE	• Boli i gorčine.

• Ako ih jedemo, najavljuje boli i gorčine koje će doći u naš život.

• Ako su nam poslužene, a ne jedemo ih, simbolizuju činjenicu da teške situacije koje se oko nas dešavaju, neće nam naškoditi.

JAGUAR

• Vidi *Tigar*.

JAHAČ

• Devotan koji je na putovanju na kom će doživeti mnoge avanture; a to putovanje predstavlja Put.

• Svest, koja treba da mudro vodi fizičko telo.

JAJE

• „Filozofsko jaje" — seks. To je klica čitavog života u kojoj se nalazi sadržan sav rad Velikog Dela. Simbolizuje nošenje nečeg višeg.

• Takođe, simbolizuje svet.

• Ako vidimo pticu koja leži na jajetu predstavlja silu Svetog Duha koji inkubira (u ovom slučaju „priprema") naše buduće vrednosti.

• Ako vidimo pile koje izlazi iz jajeta, simbolizuje unutrašnja rađanja.

• Ako vidimo zmiju koja izlazi iz jajeta, simbolizuje Devi-Kundalini koja izlazi iz Kande — ovde predstavljena jajetom, da bi započela uzdizanje u našoj okultnoj anatomiji.

• Ako vidimo jaje koje se razbija, simbolizuje gubitak stvorenih vrednosti.

JAMA

• Duboka jama na putu simbolizuje prepreku koju ćemo imati na našem inicijatičkom putu. Zaobilazna ili predviđena prepreka.

• Takođe može da predstavlja pad moralne ili duhovne moći.

• Ako mi padamo u jamu, znači da ćemo biti uhvaćeni u unutrašnjem radu za neko vreme.

• Ako izlazimo iz jame, ova stvar znači da ćemo ponovo započeti naš tajni put.

JARAC

• Neizbeljeni Lucifer, našim psihološkim radom nepročišćeni instinkti.

• Vidi *Koza* ili *Jare*.

JARAM

• Pokazuje činjenicu da smo, na neki način, robovi nečega ili nekoga ili posebnih okolnosti.

• Ako nam neki Majstor ili naše Biće daje jaram, traži nam više svesnih požrtvovanja i više dobrovoljnih patnji.

JASTREB

• Biće.

• Vidi *Ptice*.

JEDNOROG

• Seksualna neporočnost, čistota i duhovna sila. Zbog toga, po legendi, jednorog se može uhvatiti samo pomoću device, jer ta basnoslovna životinja traži utočište u krilu prečiste device.

• Ako ga jašemo, simbolizuje da treba da ostanemo seksualno neporočni.

• Takođe predstavlja sumporasti merkur ili filozofski merkur koji je već kompletno pripremljen da bi se ostvarilo Veliko Delo. Evo zašto se u Srednjem veku govorilo da rog jednoroga uništava svaki otrov, čineći da ne bude efikasan jednostavnim dodirom.

JELEN

• Viša duhovna stanja, sublimna stanja duše.

JESTI

• Ako smo pozvani da jedemo, može da simbolizuje činjenicu da smo hranjeni sa duhovne tačke gledišta.

• Ako jedemo preko mere, to je simbol nabokanosti bez granice.

JEZERO

• Vidi *Voda*.

JEZIK

• Podstrek da umerimo verbum.

• Ako vidimo vrlo veliki jezik, pokazuje nam činjenicu da treba da izbegavamo da padamo u lažne komentare u vezi sa drugima.

• Ako vidimo dlake na jeziku, kaže nam se da ne umemo da izražavamo svoja mišljenja.

K

KACIGA	• Poziv da štitimo pamet od negativnih impresija i da je uvek imamo pod kontrolom.
KACIGA	• Mentalna zaštita za nas.
KAČKET	• Protekcija pameti.
KADUCEUS	• Podstrek da radimo sa Agni Jogom, Kundalini Jogom, Tantra Jogom ili Sahajom Majtunom. Setimo se da je njihov stub kičmeni stub. One dve zmije predstavljaju dva simpatička kordona – Idu i Pingalu, kroz kojih se uzdiže transmutirana seksualna energija. Ogledalo, na gornjem delu, je ogledalo Alhemije i označava psihološko samoopažanje alhemičara da bi video progrese svoje hermetičke umetnosti; a raširena krila duha predstavljaju manifestaciju Bića u intimnoj prirodi onih koji poštuju Trećeg Logosa transcendentalnom upotrebom sopstvenog kaduceusa.
KAFA	• Pauza ili odmor od svakodnevnog stresa.
KAIŠ	• Erotička, duhovna ili fizička i, takođe, kontrola nas samih.

KALENDAR	• Vreme. Poziv da reflektujemo o činjenici da je vreme koje nam je bilo dato kratko da bismo obavili gigantsko delo – Veliko Delo – i da je za žaljenje ako ga gubimo sa nesupstancijalnim i površnim stvarima.
KAMEN	• Seksualnost. U zavisnosti od oblika ili stanja kamena, proizilazi sledeće:

KAMEN

• Seksualnost. U zavisnosti od oblika ili stanja kamena, proizilazi sledeće:

- Grubi: seksualnost bez da je rađena sa ezoteričke tačke gledišta.

- Kockasti: oplemenjena seksualnost i trijumf u Velikom Delu.

• Ako nam veliki kamen sprečava prolaz na našem putu, govori nam se o seksualnim teškoćama.

• Ako neko baca kamenje na nas, pokazuje nam se činjenica da treba da mnogo radimo sa Arkanumom A.Z.F. Takođe, može da predstavlja činjenicu da treba da stoički trpimo ljudske prezire. Vidi *Kamenovati*.

• Vidi *Nakiti* – ako je drago kamenje.

KAMENOVATI

• Ako kamenujemo poznatu osobu, može da predstavlja činjenicu da protiv nje govorimo nepravedno.

• Ako nekoga kamenujemo negativnim karakteristikama, simbolizuje da treba da udaramo psihološke agregate Filozofskim kamenom – transcedentalnom seksualnošću, da bismo ih razgradili u nama.

• Takođe, može da se odnosi na sećanje neke prošle egzistencije u kojoj smo bili kamenovani ili smo učestvovali kod kamenovanja drugog.

KAMILA

• Otpornost na putu, istrajnost, strpljenje.

KAMIN

• Medularni kanal i simpatički kordoni. Podsetimo se da onda kada radimo u laboratoriji Trećeg Logosa, voda je seminalna tečnost; medularni kanal i simpatički kordoni konstituišu veliki kamin kroz koji se uzdiže seminalna para do destilatora, a to je mozak.

• Ako vidimo jedan kamin to je poziv za alhemijsku transmutaciju.

KAMION

• Veliki tantrički vehikl.

• Ako mi vozimo kamion, u zavisnosti od načina kojim manevrišemo ili od nelagodnosti koje možemo da sretnemo na putu, pokazuje nam se kako ide naša alhemija.

• Ako mi vozimo beo kombi, može da simboliše činjenicu da rukovodimo nekim delom naše gnostičke institucije.

KANALIZACIJA

• Naše instinktivne dubine.

• Ako je čistimo, znači da smo pozvani da pročistimo instinkte.

KANCER (rak)

• Proces unutrašnje razgradnje.

• Ako smo mi ti koji patimo od raka, predstavlja činjenicu da nas Ja konzumira iznutra i treba da ovo napredovanje zaustavimo uz pomoć većeg unutrašnjeg rada.

• Ako vidimo onaj kancer kod nekog sa groteksnim karakteristikama, može da nam ukazuje na činjenicu da neko Ja umire u nama.

• Takođe, da nas obaveštava da bi u buduće mogli biti mi ti koji patimo od te bolesti.

KANIBALIZAM

• Psihološki životinjski agregati koji otkrivaju stanja instinktivne i emocionalne neuravnoteženosti.

• Takođe simbolizuje stanja životinjske nabokanosti.

KANTAR

• Element koji služi za merenje psihološke gustine. Pokazuje nam se potreba da se izmeri naša psihološka težina.

KAPA	• Ako nam se daje kačket ili kapa, pokazuje nam se činjenica da treba da štitimo pamet.
KAPUT	• Duhovna toplina, pomoć, zaštita.
	• Ako nam se poklanja kaput, simbolizuje da ćemo primiti božansku i ljudsku zaštitu.
KARAMELE	• Vidi *Slatkiši*.
KARANFIL	• Prijateljstvo.
	• Takođe je simbol duševnog prečišćavanja.
KARFIOL	• Vidi *Povrće*.
KARNEVAL	• Provod Ja-ova. Pozvani smo da bolje razumemo Ego.
	• Može takođe da bude predznak neke tuge.
KARTE	• Sudbina.
	• U zavisnosti od onoga šta sadrži karta, može da nam ukazuje nešto specijalno u vezi sa našom sudbinom, na primer:
	– Srca simbolizuju ljubavne stvari.
	– Karo (romb) simbolizuje dušu.
	– Tref (detelina) najavljuje nam dobre vesti.
	– Mač simbolizuje vatru i intrige.
	– Zlato simbolizuje materijalna i duhovna bogatstva i najavljuje uspehe.
	– Palice predviđaju udarce koje ćemo primiti od života.
	– Herc nam govori o braku i Alhemiji.
KAŠIKA	• Vidi *Pribor za jelo*.
KAŠTEL	• Ako je naš, simbolizuje uspehe u drugim životima, vrednosti koje su osvojene na unutrašnjem nivou.
	• Ako je napušten, simbolizuje činjenicu da su ove unutrašnje vrednosti ostale zaboravljene

zbog našeg pogrešnog ponašanja u toku drugih egzistencija.

• Ako je peščani, simbolizuje činjenicu da unutrašnji život kog izgrađujemo nije solidan.

KATANAC

• hermetizam

• Ako nam se daje katanac, ukazuje nam se činjenica da treba da budemo hermetični.

KATEDRALA

• Predstavlja dušu jednog velikog Inicijata. Kuća Bića nekog Adepta u kojoj ono Biće služi.

• Ako je ta katedrala naša i ako je lepa, predstavlja vrednosti koje je osvojilo naše Biće.

• Ako je grandiozna, ali je napuštena, simbolizuje činjenicu da smo napustili vrednosti koje smo u prošlosti osvojili.

• Ako je katedrala koja ima odgovarajući hram u fizičkom svetu i mi se vidimo da se tamo molimo, može da bude poziv da se molimo svecu ili Majstoru kome je bila posvećena ona katedrala.

KAVERNA

• U zavisnosti od toga kako izgleda ta kaverna i šta se u njoj nalazi, može da predstavlja:

– Okultna stanja pameti.

– Dubine naše filozofske zemlje.

– Okultnije nivoe spoznaje.

– Kavernu našeg Oca, dakle, poziv da u Njemu tražimo utočište.

– Kavernu pustinjaka i, dakle, poziv da duboko reflektujemo o stvarima.

KAVEZ

• Vidi *Zatvor*.

KECELJA

• Zaštita.

• Ako ima čudne ili ezoteričke simbole, simbolizuje promene u našem unutrašnjem životu.

KENTAUR

• Predstavlja ono što jesmo. Ljudsko biće je pola čovek i pola bestija, zbog psiholoških agregata, a naš delić duše je stalno u borbi protiv njih. Ova stvar otkriva činjenicu da nam je potrebna hitna promena u našoj duhovnoj anatomiji.

KESTEN

• Vidi *Seme.*

KIKLOP

•Poziv za razvijanje vidovitosti i da budemo oprezni prema samima sebi. Kiklop u Odiseji predstavlja lošu upotrebu vidovitosti koju su primenjivali prastari titani.

KINEZI

• Misteriozno, Kinezi, na unutrašnjem nivou, simbolizuju psihološke agregate. Ovo je možda zbog stanja ateizma kog sada imaju u njihovoj pameti.

KIŠA

• Najavljuje moralne patnje, boli, teškoće i suze.

• Ako je samo vidimo, simbolizuje bolne događaje koji će naići, ali koji nam neće naškoditi.

• Ako nas kiša pokvasi, pokazuje činjenicu da ćemo pretrpeti moralne boli.

KIŠOBRAN

• Unutrašnja zaštita.

• Ako nam se poklanja lep kišobran, simbolizuje činjenicu da smo zaštićeni.

• Ako koristimo kišobran za vreme jake kiše, simbolizuje da nas neće povrediti problemi koji postoje oko nas.

KIT

• „Velika univerzalna riba"; merkur, prvobitna materija (si rovina) Velikog Dela.

• Ako se nama približava kit i mi ga dodirujemo, simbolizuje da radimo sa merkurom i on dolazi da nas pozdravlja.

• Ako je kit-ubica, simbolizuje merkur koji ima zadatak da uništava Ja.

• U skladu sa kontekstom, ako ima nasilan stav, može takođe da simbolizuje gigantski psihološki agregat koji je spreman da nas proždere.

• Ako nam neka uzvišena osoba govori o određenoj količini mrtvih kitova, ukazuje nam na određenu količinu Ja-ova koji su već izbačeni iz naše unutrašnjosti.

KLANICA
• Poziv na razlaganje psihološkog Ja.

KLAS
• Seksualno seme.

• Ako su zlatne klasi pšenice, predstavljaju kraj jednog dobro uzvišenog procesa. Na duhovnom terenu, pokazuje činjenicu da već postoji zrelost da bi se primili plodovi rada. I, sa alhemijske tačke gledišta, alegoriše vode u žutom stanju.

• U zavisnosti od toga da li je lep ili nejak, može da simbolizuje – kao u snu faraona kog je tumačio Josif iz Biblije, godinu izobilja ili siromaštva.

• Vidi takođe *Seme*.

KLAVIR
• Sedam oktava muzike sfera.

• Vidi *Muzički instrument*.

KLEŠTA
• Tera nas da izvučemo vrlo dobro razumevanje samog Ja, napuštajući svako samosažaljenje.

KLIZALJKE
• Pokazuje da idemo brzo, ali uravnoteženo na putu.

• Vidi *Bicikl*.

KLIZATI
• Ako kližemo, ovo hoće da znači da možemo da izgubimo unutrašnje stepene ili da napuštamo disciplinu zbog nedostatka samoopažanja.

KLJUČ
• Jedan ključ simbolizuje Arkanum A.Z.F.

• Dva ključa simbolizuju alhemijski sumpor i merkur.

• Ako ima zlatnu boju, aludira na filozofski sumpor alhemičara. Ako je srebrnaste boje, predstavlja tajni merkur.

• Ako nam se uručuje više ključeva, ukazuje nam se činjenica da ćemo primiti pomoć na unutrašnjem nivou otvarajući vrata za naš unutrašnji put.

KNJIGA

• Mudrost, spoznaja, Gnoza.

• Ako gutamo neku svetu knjigu, pozvani smo da se hranimo iz same mudrosti.

• Takođe, simbolizuje merkur mudraca.

• Ako je ta knjiga otvorena, predstavlja merkur koji se prerađuje.

• Ako je ta knjiga zatvorena, predstavlja merkur koji se ne prerađuje.

• Ako nam je uručena, pozvani smo da transmutiramo merkur ili da više izučavamo gnostičku spoznaju.

KOCKA

• Kockasti kamen, Filozofski kamen. Ako se sabiru svi brojevi kockice dobija se broj 21, koji simbolizuje „Ludaka Tarota": Onaj koji gleda u ambis, ali ne pada, jer je sposoban da rizikuje sve da bi našao Zlatno Runo, Filozofski kamen – Logosa koji je odeven solarnom odećom.

• Ako se na kocki pojavi neki broj, pokazuju nam se, sa kabalističke tačke gledišta, materijalne ili duhovne okolnosti koje će se pojaviti u našoj sudbini, koje su u vezi sa ovim brojem. U ovom slučaju neka se vide Brojevi.

KOČIJE

• Ako su obične kočije, kola ili karuce, simbolizuje naše fizičko telo ili lunarne vehikle pune Ja-ova.

• Ako su vrlo lepe, predstavljaju unutrašnja tela sa Vatrom u unutrašnjosti.

	• Ako su zlatne simbolizuju naše unutrašnje vehikle, stvorene i pročišćene, odnosno, solarna tela.
KOFER	• Naša psihološka gustina.
	• Ako kupujemo kofer, simbolizuje činjenicu da ćemo morati da nosimo sa sobom naš psihološki teret u toku nekog težeg perioda.
KOJOT	• Vidi *Vuk*.
KOKOSOV ORAH	•Naša glava, a takođe, naša Kanda.
	• Ako nam se daje kokosov orah, teraju nas da vodimo brigu o našoj pameti ili o tajnom merkuru.
	• Ako nam ga jedna palma daje, simbolizuje činjenicu da nam naše Biće traži da vodimo brigu o našim seksualnim energijama.
	• Ako nam se pokazuje njegova bela pulpa (sadržina), prikazuje nam se činjenica da su naše alhemijske vode bele.
	• Ako pijemo kokosovu vodu, ova stvar hoće da kaže da treba da se hranimo iz transmutacije.
KOKOŠKA	• Brbljivo Ja.
	• Takođe, predstavlja agregate straha i kukavičluka.
KOLA	• Vidi *Kočije*.
KOLA automobil	• Kola, kočije ili karuca, simbolizuju unutrašnje vehikle ili fizičko telo.
	• Stara kola mogu da simbolizuju naše fizičko telo koje je već oštećeno ili naša veoma degradirana unutrašnja tela.
	• Nova kola simbolizuje fizičko telo u dobroj formi ili naša dobro fabrikovana unutrašnja tela.
	• Ako mi vozimo kola na putu u suprotnom smeru, pokazuje nam se činjenica da idemo

protiv struje ili da smo loše orijentisani u našim zadacima.

• Ako parkiramo kola, a gubimo kontrolu, tako što udaramo druga parkirana kola, a ona trpe manje štete, simbolizuje da ćemo nehotice imati sudare sa drugim osobama, a te osobe će biti povređene od onoga što smo rekli ili uradili, iako povrede neće biti teške.

• Ako vozimo kola i ostajemo bez kočnice i stižemo do teškog sudara sa drugim kolima, pokazuje činjenicu da ćemo pretrpeti težak incident zbog nedostatka samokontrole, moguće sa nekom osobom. Poziva nas, dakle, da se ne identifikujemo i da ne zaboravimo na Biće ni u jednom momentu kako ne bismo bili žrtve okolnosti. Takođe, može da bude najava moguće nesreće u fizičkom svetu.

• Ako ostajemo bez kočnica, a kola idu unazad, znači da treba da činimo korake u nazad u stvarima koje se odnose na naše ponašanje ili da koncentrišemo svoj intimni rad.

KOLAČ	• Može da simbolizuje Veliko Delo. • Ako ga pripremamo, simbolizuje da želimo da radimo na Velikom Delu. • Vidi *Slatkiši*.
KOLENO	• Poniznost. • Ako imamo ranjena kolena, predstavlja nedostatak poniznosti i, kao posledica toga, nesposobnost da ostanemo na dobrom putu.
KOLICA	• Vidi *Kočije*.
KOLICA sa jednim točkom	• Naš psihološki balast (suvišni teret). U zavisnosti od onoga šta se nosi, pokazuje nam jednu ili drugu stvar. • Ako u njima nosimo đubre, da svugde nosimo našu psihološku mizeriju.

• Ako u njima nosimo veliku vrednost, simbolizuje, da uprkos našem balastu, nosimo u sebi, sa velikim naporom, unutrašnje vrednosti. Žanjemo vrline i blaga duše.

• Može da predstavlja, takođe, kao i kočije, lunarna tela.

KOLOVOZ   • Vidi *Put*.

KOMARCI   • Kao i krpelji ili drugi insekti, simbolizuju ogovaranja, klevete i kritike protiv nas.

• Ako nas ubadaju, znači da smo predmet klevete.

KOMBI   • Vidi *Kamion*.

KOMETA   • Ako vidimo kometu, simbolizuje činjenicu da ćemo biti svedoci nekog događaja ili neke vesti koja može da bude dobra ili loša.

KONJ   • Naše fizičko telo. Takođe, predstavlja unutrašnje vehikle.

• Ako padamo sa konja, simbolizuje nedostatak kontrole nad fizičkim telom.

• Ako hranimo nekog konja može da bude pokazatelj činjenice da treba da vodimo brigu o svom fizičkom telu da bi bilo sposobno da neograničeno doživljava zahteve puta.

• Ako je reč o više konja koje hranimo, može da pokazuje činjenicu da je potrebno da hranimo unutrašnja tela silama unutrašnjeg rada i svete Alhemije.

• Ako vidimo zatvorene konje, simbolizuje da imamo nerazvijena unutrašnja stanja ili vrednosti.

• Ako vidimo dva konja, belog i crnog, simbolizuje činjenicu da treba da guverniramo pozitivnim i negativnim silama i da se održavamo u centru, u Tao.

• Monstruozni konj predstavlja bestijalne psihološke agregate bluda. Podsetimo se Diomedovih konja koje je Herkul(es) morao da ukrade, simbol strastvenih infrahumanih elemenata koji borave u ljudskoj nesvesti.

KOPLJE

• Muški falus i virilna (muška) moć.

• Ako vidimo slomljeno koplje, predstavlja alhemijska suprotstavljanja ili prepreke seksualne vrste.

• Ako nas ubodu kopljem, moguće je da je reč o mračnim napadima.

KOPRIVA

• Unutrašnja disciplina.

• Ako vidimo plantažu koprive, pokazuje nam činjenicu da treba da održavamo disciplinu.

• Ako dotaknemo koprivu i osetimo njenu ožarenost, simbolizuje činjenicu da treba da se podvrgnemo dobrovoljnim patnjama.

KOPULIRATI

• Može da predstavlja bludne Ja-ove.

• Takođe, može da simbolizuje ujedinjenje dveju priroda: sumpora i merkura, ali, u ovom slučaju, san treba da bude propraćen sa više simbola višeg karaktera.

KOREN

• Dubina ili privrženost (vezanost).

• Ako vidimo drvo sa velikim korenom, simbolizuje Biće.

• Ako vidimo kuću sa korenjem simbolizuje činjenicu da smo veoma vezani za tu kuću ili za rutinski svakodnevni život.

• Ako nam se daje korenje da jedemo, pokazuje činjenicu da treba da budemo dublji (temeljniji).

KORMILO

• Rukovođenje nekim projektom ili voljom da bismo plovili vodama života.

• Ako nam je povereno, govori nam o činjenici da treba da usvojimo odgovornosti u vezi sa našim materijalnim i duhovnim životom.

KORNJAČA
• Može da simbolizuje pasivni element Alhemije, sumpor.

• Takođe, može da simbolizuje potrebu da se napusti lenjost.

• Ako je uvučena u svoj oklop, može da predstavlja potrebu da se interiorizujemo (povučemo u sebe, isključimo spoljašnjost).

• Ako je hranimo, simbolizuje da treba da hranimo svoju tajnu alhemijsku vatru.

• Ako pliva, simbolizuje činjenicu da se sumpor pokreće u našem alhemijskom haosu.

• Ako zatrpava svoja jaja, ovo znači da će u nekom momentu postojati uspesi tajnog sumpora.

KOSA (alatka)
• Poziv da uništimo sve nečistoće koje se pojavljuju u našoj psihi, odnosno, da se poverimo mističkoj smrti.

• Takođe, može da bude najavljivanje neke fizičke smrti. Setimo se da onda kada stiže momenat smrti, pored kreveta onog u agoniji pojavljuje se Anđeo koji ima zadatak da sa kosom odseče nit egzistencije.

• Vidi *Smrt*.

KOSA (na glavi)
• Seksualna sila i stidljivost.

• Ako žena ima veoma dugu kosu, simbolizuje seksualnu neporočnost.

• Ako neko vidi sebe ćelavog il sa malo kose, može da simbolizuje brige. Kod žene koja treba da se uda, ova stvar simbolizuje da ona nije podesna za svog muža. Takođe može da simbolizuje gubitak seksualnih vrednosti.

• Ako se čupa ili pada, takođe simbolizuje brige.

• Ako se šiša, simbolizuje da će, verovatno iz nekog razloga, opadati seksualna moć. Takođe može da ukazuje na podstrek ka uravnoteženju našeg mentalnog tela.

• Ako je kosa potpuno bela, simbolizuje iskustvo, mudrost.

• Ako ima mnogo belih pramenova, simbolizuje udarce, pogotovo moralne, koje je osoba primila od života.

• Ako je prljava, pokazuje konfuziju u vezi sa nekim idealom, projektom. Simbolizuje, takođe, nedostatak predviđanja u našem životu i preokupacije.

KOSTI	• Vidi *Smrt*.
KOŠULJA	• Božanska zaštita • Takođe, alegoriše duševnu odeću.
KOVAČ	• Poziv da radimo sa alhemijskim metalima u Užarenom Vulkanovom ognjištu.
KOZA ili JARE	• Egoička familija, kapriciozni stavovi, nekontrolisani instinkti. Zbog toga se razvrstavaju duše na ovce i koze. Treba da čeznemo da se preobrazimo u blage ovce ili jaganjce. • Vidi *Jarac*.
KRALJ	• Može da predstavlja naše Biće.
KRALJICA	• Može da simbolizuje našu Božansku Majku.
KRASTI	• Vidi *Lopov*.
KRATKO KOPLJE	• Negativne misli.
KRAVA	• Unutrašnja Božanska Majka. V.M. Samael nam kaže da je potrebno da se hitno preobrazimo u „kravare", odnosno da vodimo brigu o Svetoj Kravi. Razlog toga je da onaj ko vodi blagoslovenu Kravu je taj koji rukovodi, u unutrašnjost svog kičmenog stuba, svete energi-

je seksualne transmutacije, koje su na kraju krajeva reprezentacija naše sopstvene Majke Kundalini.

• Ako je neka krava crna, može da alegoriše neki ženski napad.

• Ako je debela, simbolizuje produktivnost.

• Ako je slaba, simbolizuje siromaštvo – kao u snu faraona kog je tumačio Josif iz Biblije.

KRAVATA

• Virilnost.

• Ako nam se poklanja kravata, može da predstavlja pomoć da bismo imali više seksualne vatre ili je poziv da potražimo veću vatru u Alhemiji.

• Ako nam policajac seče kravatu, simbolizuje karmičku naplatu, koja nam neće dozvoliti da se spustimo, za neko vreme, u Devetu sferu.

KREVET

• Potreba za fizički i mentalni odmor.

• Može takođe da simbolizuje lenjost.

• Ako mi izrađujemo krevet, može da simbolizuje činjenicu da tražimo mir.

• Ako je neki krevet u plamenu, pokazuje neveru našeg supružnika.

KREVETIĆ

• Potreba da budemo ponovo slični deci. Stanja bezazlenosti koja treba da osvojimo.

KRIPTA

• Zakopane duhovne vrednosti koje treba da sačuvamo ili obnovimo.

• U crkvi: duhovne sposobnosti koje treba da obožavamo da bismo mogli da nastavimo da ih kristališemo u nama. Može takođe da bude poziv da se molimo božanstvu koje je obožavano u toj crkvi.

KRIVA

• Izmena u našoj sudbini.

KROKODIL

• U svom negativnom aspektu je Seth, Satana u našoj unutrašnjosti, psihološko Ja.

       • U višoj manifestaciji, to je krokodil Sebek kod starih Egipćana, živi simbol Intimnog, Biće.

KROMPIR

• Vidi *Povrće*.

KRPE

• Nedostaje unutrašnji rad. Potrebno je da se stvori „svadbeno odelo", odnosno, da fabrikujemo naše unutrašnje vehikle i da podignemo Vatre u njihovu unutrašnjost.

KRPELJ

• Vidi *Komarci*.

KRST

• Nesebično požrtvovanje za druge; treći činilac Revolucije Svesti. Najavljuje period požrtvovanja i martirijuma. Setimo se da „bez martirijuma krsta, ne cveta ruža – Duha". Takođe, krst predstavlja ujedinjenje vertikalnog phallusa u unutrašnjosti horizontalne cteis.

• Krst sa jednakim kracima uvek simbolizuje alhemijske radove, slično Krstu Svetog Andrije koji predstavlja smešu između sumpora i merkura, koji su toliko neophodni za stvaranje Viših egzistencijalnih tela Bića.

• Krst Ankh simbolizuje Alhemiju i misterije smrti.

• Može da simbolizuje, takođe, karmu koju nosimo na svojim ramenima i koju treba da operemo.

KRŠTENJE

• Potreba da se pročistimo Alhemijskim vodama.

• Ako smo kršteni, simbolizuje da poštujemo tu svetu tajnu i rafiniramo u seksualnoj Alhemiji.

KRTICA

• Poziv da uđemo u svoju unutrašnjost da bismo otkrili ono što jesmo, ono što imamo suvišno – koji Ja-ovi nam kradu energije i šta nam nedostaje – koje suštinske vrline treba da razvijemo da bismo prešli put.

KRUG

• Vreme i, takođe, večnost.

• Ako vidimo dva kruga, manjeg unutar većeg, manji bi predstavljao vreme, a veći večnost. Ako vidimo dva kruga simbolizuju, takođe, muške i ženske večite principe.

• Može da simbolizuje završetak nekog zadatka. Kristalisao se jedan plan zahvaljujući činjenici što su se sve stvari tačno ostvarile. Okončala se jedna etapa života.

• Ako prolazimo preko jednog magičnog kruga, simbolizuje da treba da budemo pažljivi kod magičnih okolnosti.

• Vidi *Ouroboros*.

KRUNA

• Trijumf.

• Predstavlja takođe vrednosti duše.

• Ako nam se stavlja kruna, ukazuje nam se činjenica da smo prošli neku probu na koju smo bili podvrgnuti.

KRUŠKA (plod)

• Vidi *Voće*.

KRV

• Moralni bol.

• Ako teče iz nas kroz neku ranu ili je povraćamo, pokazuje nam činjenicu da ćemo biti okruženi snažnim moralnim patnjama.

• Ako vidimo krvlju umrljana odela, simbolizuje činjenicu da ćemo patiti zbog tuđih moralnih bolova ili da će u nama ponovo delovati moralne rane.

• To je takođe simbol Svete Vatre Kundalini. Tako, na primer, da ako nam neko daje pehar sa krvi, pozvani smo da se hranimo silama Alhemije i Sakralne Zmije.

KRVARENJE

• Vidi *Krv*.

KUĆA

• Naš unutrašnji život.

• Ako je čista, pokazuje nam se činjenica da čistimo unutrašnjost, da postoji psihički red i čistota. Ova stvar će se ogledati, očigledno, u našem svakodnevnom životu.

• Ako je prljava, znači da je potrebno da se čistimo na unutrašnjem nivou. Postoji mnogo nemarnosti u unutrašnjem radu.

• Ako je pokvaren krov, pokazuje činjenicu da nas naša pamet uznemirava.

• Ako se ruši u komadima ili je ruševina, simbolizuje da smo veoma loše na unutrašnjem nivou i da je potrebno da prođemo kroz hitnu psihološku transformaciju.

• Ako se selimo u drugu kuću, simbolizuje činjenicu da treba da promenimo naša unutrašnja duševna stanja.

• Ako se trese, ova stvar želi da kaže da ćemo proći kroz probe, pogotovo kroz probu zemlje.

KUKURUZ	• Vidi *Seme*.
KUKUVIJA	• Vidi *Sova*.
KUP	• Vidi *Pehar*.

KUPATI (se)

• Duševno prečišćavanje. Treba da pročistimo psihu od svih defekata sa vodom života.

• Ako se mi kupamo ispred drugih osoba, simbolizuje moralne boli i nelagodnosti koje ćemo osetiti, možda, pred drugim osobama.

KUPINA

• Probe i teškoće na tajnom putu.

• Ako idemo kroz šumu sa mnogo kupine, simbolizuje činjenicu da ćemo biti isprobani na dugo vreme.

• Vidi *Trnje*.

KUPITI

• Nabavka dobara koja nam nedostaju na unutrašnjem nivou. Predmet koji se kupuje je pokazatelj onoga što nam nedostaje. Ako nam se traži da nešto posebno platimo, treba da iskoristimo Kabalu i da sabiramo brojke broja da bismo znali šta se od nas traži da bismo osvojili one unutrašnje vrednosti. Vidi *Brojevi*.

• Kupiti, u zavisnosti od stvari koje kupujemo, može da bude jednostavno jedan mehanički san.

KUPUS

• Vidi *Zeleniš*.

KUVATI

• Alhemijski rad.

• Takođe može da simbolizuje činjenicu da radimo na nekoj ideji koju želimo da primenimo. Želja da se postavi novi red u našem životu.

• Ako vidimo kako neki kuvar priprema hranu, može da simbolizuje neki deo našeg Bića koji želi da nas hrani.

L

LABARUM

• Prastari arhetip koji podvlači tragaču za istinom da će posredstvom seksualnog krsta – X – moći da oblikuje svoj kamen – P – sve dok ga ne dovede do maksimalnog alhemijskog uzvišenja.

LABUD

• Besprekorni Sveti Duh. Setimo se labudice Kalahamsa iz hinduske mitologije.

• Takođe predstavlja čistu ljubav, vernost i bračnu seksualnu neporočnost.

• Sa alhemijske tačke gledišta simbolizuje merkur ujedinjen sa sumporom, stvarajući fundamentalno jedinjenje Velikog Dela.

• Vidi *Ptice*.

LAGUNA

• Vidi *Voda*.

LAMPA

• Večita svetlost Bića.

• Ako nam označava put, simbolizuje činjenicu da smo vođeni na unutrašnjem nivou.

• Ako je slična Aladinovoj lampi, predstavlja Alhemiju. Duh dotične lampe jeste Esencija, zarobljena u životinjskom Ego-u i koja čezne za slobodom. Ako budemo uspeli da je oslobodimo, duh može da čini čuda; ali ovu slobodu možemo joj dati samo ako glancamo lampu, odnosno, čisteći naše alhemijske metale.

• Vidi *Svetlost*.

LANCI

•Ropstvo i psihološki teret koji nas vezuje za život.

• Predstavlja takođe karmičke veze koje nam uslovljavaju egzistenciju.

• Ako sebe vidimo kako vučemo lance, simbolizuje činjenicu da za nama vučemo karmu, vezani smo lancima za događaje koji formiraju Samsaru. Takođe, znači da smo veoma vezani za materijalan život.

• Ako se vidimo kako kidamo lance, simbolizuje potrebu da se oslobodimo Samsare ili velike karme. Takođe, može da nam ukazuje potrebu da se pokidaju određene rekurencije. Takođe, može da bude poziv da se oslobodimo veza sa životom.

LASTA

• Duša sa svom svojom čistotom, zbog činjenice što ona ne stoji kompletno na zemlji – u ovom slučaju simbol korupcije, čuva svoje telo od svake prljavštine.

• Predstavlja takođe i nadu, ne samo zato što dolazak lasta najavljuje proleće, nego nasuprot tome, onda kada se ova ptica spušta, čini to obrušavanjem, a onda njeno telo uzima oblik nautičkog sidra. Ovo sidro, u vremenima hrišćanskih katakombi, bilo je simbol Elpisa (*nap.pr.:* u grčkoj mitologiji - *boginja nade*), koji je, sa teološke tačke gledišta, simbolizovalo vrlinu nade.

• Takođe, može da simbolizuje božansku pomoć.

LAV

- Vidi *Ptice*.
- Erotična vatra i Sakralna vatra.
- Takođe predstavlja veliki božanski Zakon.
- Iz ovog dvostrukog simbolizma Lava izvodi se sledeće:

- Ako nas napada: Božanski zakon će nam naplatiti putem bola dugove iz prošlosti. Takođe, moguće je da nam pokazuje nekontrolisane instinkte i strasti.

- Ako se s njim igramo: Arhonti sudbine rade u našu korist. Takođe predstavlja seksualnu vatru pod našom kontrolom.

- Ako se s njim borimo: borba protiv naših strasti; i, sa alhemijske tačke gledišta, napor da se ovlada našim vatrama uz pomoć volje.

- Ako je zeleni: početna vatra u svom stadijumu pripremanja.

- Ako je crveni: sumpor potpuno pomešan sa merkurom, koji je sposoban da obezbedi fabrikovanje Filozofskog kamena.

- Ako ima dvostruku glavu: dupli polaritet vatre, beli ili crni.

- Ako nas guta neki pitomi lav: sagoreva nas vatra.

- Ako imamo sedam lavova u kavezu: potreba da vladamo nad Sedam Vatri ili Sedam Zmija.

LAVANDA

- Prijateljstvo.

LAVIRINT

- Pamet sa svojim konfuzijama i neredom u kojima nas drži kao zatvorenike.

- Takođe može da predstavlja bezbroj teorija, predrasuda, dogmi, pretpostavki itd, među kojima treba da se orijentišemo ako ono što zaista želimo jeste da stignemo do njegovog centra ispunjenim životom, gde možemo naći Minotaura – životinjskog Ego-a – kog treba da ubijemo kako bismo mogli da izađemo iz tog lavirinta – iluzorni i površni život – pomoću Arijadne –Božanske Majke.

• Na veoma specifičan način, ponekad, kada se započne Druga planina, simbolizuje tajni put kao neki lavirint.

LEBDETI

• Nema nikakvog značenja. To je jednostavno pojava u astralnoj atmosferi gde ne postoji zakon gravitacije.

LED

• Lunarna hladnoća, ravnodušnost, apatija, entropija, duhovna hladnoća.

• Takođe može da predstavlja seksualnu hladnoću.

LEK

• Ako nam se daje da ga uzmemo, može da simbolizuje činjenicu da nas Majstori Medicine leče od neke povrede ili bolesti na unutrašnjem nivou. Takođe, može da ukazuje na činjenicu da sve što u tom momentu našeg života doživljavamo jeste lek koji nam je potreban da bismo naučili da se suočimo sa egzistencijom.

LEKAR

• Ako nas ispituje, može da simbolizuje činjenicu da agenti zakona ispituju naš život. Takođe, može da simbolizuje činjenicu da nas Majstori medicine ispituju da bi iz blizine videli šta nas vređa.

• Ako neki hirurg realizuje hiruršku intervenciju na nama, može da simbolizuje pomoć koja nam je potrebna, neko unutrašnje izlečenje ili je moguće da nam predstoji buduća hirurška intervencija u fizičkom telu.

LENJIR

• Instrument sa kojim se mere naša napredovanja.

• Ako nam se daje lenjir, pokazuje nam činjenicu da treba da merimo naša dela, misli i osećanja. Poziv na unutrašnju disciplinu.

	• Ako nas mere lenjirom, želi da kaže da nam se procenjuje unutrašnji rad.
LEOPARD	• Okultizam.
	• Takođe simbolizuje, svojim kandžama, cepanje JA.
	• Ako nas napada, simbolizuje da nismo u dobrom odnosu sa smrti JA.
	• Ako je poslušan, simbolizuje činjenicu da smo u dobrom odnosu sa našim samoopažanjem.
LEPEZA	• Sila Oca, dah Oca.
	• Onda kada vidimo da razne osobe koriste lepezu, simbolizuje da se ceo svet hrani dahom Oca.
	• Ako nam se poklanja lepeza, simbolizuje da nam se daje snaga ili podstrek na putu.
LEPRA	• Potreba da se prihvati psihološka smrt. Setimo se one rečenice bratstva Svetog Andrije koja je, u Srednjem veku, tvrdila: „Neka meso napusti kosti", kao simbol napuštanja našeg adamskog položaja da bismo obnovili naš božanski položaj.
LEPTIR	• Duša koja traži svoje oslobođenje. Setimo se da gusenica umire u svojoj čauri da bi se kasnije u životu pojavila lepotom i sjajem leptira. Isto tako, ljudska duša treba da usmrti svoje defekte i greške kako bi nakon toga raširila svoja duhovna krila i da odleti prema Aeonima kosmičke Svesti kao oslobođen Duh.
	• Ako vidimo kako se stvara, simbolizuje Inicijata koji stvara svoja tela.
	• Ako ga vidimo da se rađa napuštajući čauru, simbolizuje Inicijata koji postaje Čovek – Drugo rađanje. To je misterija Kecalpapalotla (Quetzalpapalotl) – božanski leptir kod Asteka,

koji se potom uzdiže na nebesa i preobraža-
va u planetu Veneru. Venera je bila za Asteke
ekvivalentna sa Hristom.

• Ako ga vidimo da umire, može da simbolizuje
mogućnosti ili vrednosti koje gubimo.

LESTVICA
• Duhovni nivoi. Poziv da prevaziđemo etape.

• Vidi *Uzdizanje* i *Spuštanje*.

LEŠ
• Vidi *Smrt*.

LEŠNIK
• Vidi *Seme* i *Suvo voće*.

LETETI
• Vrlo zdravo astralno iskustvo koje ima koren
u činjenici da u astralnom svetu ne postoji za-
kon gravitacije, a iz ovog motiva sva tela leviti-
raju ili veoma lako lete.

• Takođe može da simbolizuje činjenicu da
imamo čežnje da živimo duhovni život.

LICEJ
• Vidi *Škola*.

LIFT
• Uzdizanje ili spuštanje sa tačke gledišta ni-
voa Bića.

• Ako se lift uzdiže, može da simbolizuje činje-
nicu da smo u procesu uzdizanja što se tiče
nivoa Bića.

• Ako silazi, verovatno gubimo osvojene
nivoe.

• Ako se lift naglo spušta, ali se zaustavlja pre
pada, a nismo se poistovećivali (identifikovali)
i tražili smo božansku pomoć, simbolizuje ne-
gativna stanja koja su na kraju bila sprečena
zahvaljujući Ocu.

LIMUN
• Disciplina na putu.

• Ako jedemo limun, označava nam činjenicu
da treba da budemo strogi, mnogo kiseli pre-
ma nama samima.

LISICA
• Pamet koja još nije kompletno rađena. Lu-
kava pamet koja uvek traži da postigne svoje
ciljeve.

LISICE	• Vidi *Lanci*.
LITICA	• Vidi *Provalija*.
LOBANJA	• Poziv da umiremo u nama. U ritualu konsakracije neofita masonskih bratstava, govori se: „In necis renascere integer." – Posredstvom smrti treba da se ponovo rodiš netaknut i čist. „Ako seme ne ugine, biljka se neće roditi", podseća nas V.M. Samael.
	• Ako mač probada lobanju – onako kako se vidi u gotskom kvartu u Barseloni, u Španiji, pokazuje da mač moći, koga konstituišu leđne vatre Adepta, moguće je da osvojimo samo na osnovu neprestanih procesa poništenja psiholoških agregata koji borave u sopstvenim duševnim dubinama.
LOKOMOTIVA	• Vidi *Voz*.
LOPOV	• Ego koji je raspoložen da nam ukrade vrednosti.
	• Takođe može da bude najava činjenice da ćemo primiti pomoć.
LOPTA	• Alhemijski balon: naši seksualni organi. Podseća nas na reči Eirenaeusa Philalethesa – velikog alhemičara, da balon treba da bude dobro zatvoren na svojim ekstremitetima jer, u suprotnom, sav rad biće izgubljen; jer onaj ko gubi svoj merkur gubi duhovni život.
LOV	• Mehanička upotreba pameti, mentalni nemiri u nama. Setimo se da je pamet lovac, sličan Kajinu, zbog toga stalno lovi položaje, titule itd.
	• Ako sebe vidimo da lovimo, simbolizuje da pogrešno upotrebljavamo pamet. Takođe može da bude poziv da idemo u lov protiv naših psiholoških agregata, da se preobrazimo u lovce svih zveri koje imamo u našoj unutrašnjosti.

LOVITI	• Ako sebe vidimo da lovimo, da bismo izložili žrtvu kao trofej, simbolizuje činjenicu da mi tražimo položaj da nam se dive. Simbolizuje pamet i njene gluposti, jer se njoj sviđa da osvaja položaje, da se uzdiže, da bude u centru pažnje itd. • Ako se vidimo kako lovimo bestije, simbolizuje lov na psihološke agregate.
LOVOR	• Predskazuje duhovne trijumfe.
LUBENICA	• Vidi *Voće*.
LUK sa strelama	• Poziv da upotrebimo Tri sile: Svetu Afirmaciju, Svetu Negaciju i Svetu Koncilijaciju (izmirenje). Zategnuti luk stvara trougao. Strela je seksualna. • Ako vidimo sebe u ratu sa lukom i strelom u rukama, pokazuje nam se činjenica da treba da se branimo pomoću Tri Primarne sile Kreacije.
LUK (povrće)	• Duša koja je odevena svojim unutrašnjim telima — slojevi koji prekrivaju luk. • Ako sebe vidimo kako sečemo luk, simbolizuje činjenicu da treba da izvršimo reviziju na unutrašnjem nivou.
LUKA	• Početak nekog putovanja na moru ili kraj putovanja.
LULA	• Poziv da uzdižemo seminalnu paru pomoću vatre Užarenog ognjišta Vulkana.
LUPA	• Duboko samoopažanje. • Ako nam se poklanja, može da simbolizuje dve stvari: - Da treba da budemo temeljniji pri analizi naših agregata. - Da realizujemo bolji rad samoopažanja.
LUSTER •	Njegov centralni stub predstavlja kičmeni stub sa svojih trideset i tri pršljena, koje treba

da probije filozofski merkur. „Menorah" – ili svećnjak sa sedam krakova – alegoriše kičmeni stub sa sedam Crkava Apokalipse Svetog Jovana: Sedam stepeni Moći vatre. Takođe, sedam krakova predstavljaju sedam čakri u astralnom telu Adepta.

- Vidi *Svetlost* i *Vatra*.

LUTKE

- Naša psihička stanja.

LUTRIJA

- Dharmičke vrednosti.

- Ako zaradimo na lutriji, može da simbolizuje činjenicu da će se u našem životu dogoditi velika promena, koja može da bude materijalna ili duhovna, zahvaljujući nekoj dharmi koja nam se daje.

LJ

LJILJAK (slepi miš)	• Napadi tmina. Opomena da se zaštitimo.
LJULJAŠKA	• Ako vidimo da se ljuljamo, najavljuje činjenicu da ćemo se radovati jednom periodu mira.
	• Ako smo u ljuljašci i kida se jedna vrpca i padamo, znači da se prekida naš mir.

M

MAČ

• Sveta vatra koja je već razvijena u kičmenom stubu. Mač je uručen devotanu u Prvoj Inicijaciji Vatre. Unutrašnji stepeni, koje će ovaj kasnije postići, reflektuju se u lepoti mača.

• Takođe je simbol volje i moći nad elementima. Ko nema Vatru ne može da upravlja elementima.

• Ako nam je uručen, može da simbolizuje da ćemo primiti pomoć u vezi sa našim vatrama ili da treba da stavimo u aktivnost našu volju.

• Ako je egipatski, simbolizuje da smo radili sa vatrama u antičkom Egiptu.

• Ako je mali, sličan britvi, može da alegoriše buđenje Vatre. Sada treba da je sa strpljenjem uzdignemo kroz trideset i tri pršljena kičmenog stuba.

• U drugim slučajevima može da alegoriše muški falus.

MAČKA	• Merkur.
	• Ako vidimo rasporenu mačku, predstavlja vračarske radnje.
	• Ako vidimo povređenu ili ranjenu mačku, najavljuje nam moralne i seksualne probleme.
	• Ako nas neka mačka napada, može da predstavlja seksualno iskušavanje ili neveru nekog ko nam je blizak.
MAG	• Ako je realni mag, može da bude reč o nekome ko radi za Belu magiju ili Crnu magiju, u zavisnosti od konteksta.
	• Ako je iluzionist, pokazuje nam činjenicu da smo žrtve iluzionizma i da ne percipiramo realnost. Takođe, moguće je da je reč o nekome koji ima Ja mađioničara koji pokušava da nas prevari ili da krije istinu.
MAGARAC	• Lunarna pamet sa svojim egoičnim kapricima. Ukazuje nam se potreba da napustimo tvrdoglavost i opravdavanje Ego-a.
MAGLA	• Misterija, nauka iščekivanja, dubina Boga itd.
	• Može da simbolizuje, takođe, opskuritet (tmine) i konfuziju u unutrašnjem svetu. Svetlost Oca je daleko od nas, a opasnost da zalutamo je velika.
MAHUNA	• Vidi *Zelenje* i *Seme*.
MAJMUN	• Naši psihološki agregati.
MAKAZE	• Moć magije, koja je sposobna da izmeni sudbinu čoveka.
	• Po kontekstu, može takođe da predstavlja vređanja i kritike koje pokušavaju da nam preseku prijateljske veze sa drugima, naše blagostanje itd.

	• Takođe, može da predstavljaju Crnu magiju koja nam vreba život.
MANEKENI	• U zavisnosti od konstitucije, mogu da predstavljaju naša unutrašnja tela ili psihološke agregate.
MANGO	• Vidi *Voće*.
MANSARDA	• Udubljenja naše psihe koja treba da ispravimo i očistimo.
MANTIJA	• Potvrda unutrašnjih stepena koji su bili osvojeni. • Ako nam se daje, simbolizuje činjenicu da smo potvrđeni što se tiče jednog dela puta. • Vidi *Pelerina*.
MAPA	• Tajni put. • Ako nam se poklanja, daju nam se uputstva za unutrašnji put.
MARIONETA	• Ja koji rukuje nitima našeg života. • Ako nam je neko poklanja, govori nam se da nama manevriše Ja.
MARKA	• Poruka koja će doći.
MASKA	• Psihološki agregati i personalitet. • Ako koristimo karnevalske maske, simbolizuje činjenicu da učestvujemo u igri Ja-ova. • Ako nam poklanjaju magičnu masku, znači da je potrebno da uništimo Ja kako bismo ušli u kraljevstvo Visoke magije. Takođe, može da simbolizuje unutrašnju pomoć.
MASLINA (plod)	• Potencijalni filozofski merkur. • Ako je jedemo, pozvani smo da rafiniramo merkursko ulje i da se njime hranimo.
MASLINA (stablo)	• Seksualnost. Poziv na rafiniranje sopstvenog ulja – alhemijski merkur.

MAŠINERIJA	• Može da simbolizuje naš mehanički život ili neki funkcionalizam našeg tela.
	• Ako je popravljamo, simbolizuje činjenicu da treba da se brinemo o zdravlju.
MATEMATIKA	• Ako se vidimo da studiramo matematiku, simbolizuje činjenicu da naš unutrašnji rad treba da je tačan. Matematičke nauke simbolizuju savršenstvo u detaljima naše psihologije.
	• Ako se vidimo da polažemo ispit iz matematike, simbolizuje činjenicu da je naš unutrašnji rad podvrgnut izučavanju.
MAZGA	• Vidi *Magarac*.
MED	• Plod alhemijsko-psihološkog rada.
	• Ako ga jedemo, simbolizuje da se hranimo rafiniranim alhemijama.
MEDUZA	• Ja i njegova mnogostrukost.
	• Ako je gledamo i ona nas okamenjuje, ukazuje nam na činjenicu da smo na putu da nas u našem životu Ja okamenjuje.
MEDVED	• Seksualna vatra.
	• Ako je mrk, simbolizuje grubu vatru.
	• Ako je beo ili je medved panda, simbolizuje pročišćenu vatru.
	• Ako sebe vidimo da češljamo medveda, predstavlja brigu o tajnoj vatri.
MERKUR	• Alhemijska lustralna (prečišćavajuća) voda, ens seminis, vode života.
MESEC	• Merkurska voda. Po Zakonu analogija, u zavisnosti kako ga vidimo – boju koju ima, na primer, znaćemo kako napreduje naš alhemijski rad.
	• Simbolizuje takođe lunarnu silu, pasivnu silu prirode.
	• Takođe, može da simbolizuje tmine.

MESO	• Ako vidimo sirovo meso obešeno u nekoj kasapnici, simbolizuje da ćemo doživeti teške i okrutne stvari.
	• Ako smo pozvani da jedemo meso, ukazuje nam se činjenica da treba da se hranimo elementom vatra.
METAK	• Ako pucaju za nama mecima, pokazuju nam se loše vibracije i negativne misli uperene protiv nas.
METALI	• Vidi *Metamorfoza* – da bismo pretvorili u pojedini metal.
METAMORFOZA	• Ako vidimo da trpimo neku metamorfozu, može da simbolizuje varijaciju i okretnost naše psihe. Takođe može da bude pokazatelj potrebe da se transformišu naše impresije.

• Ako vidimo da se umanjujemo pokazuje nam činjenicu da je potrebno da budemo ponizniji. Takođe nam može najaviti činjenicu da je neophodno da prolazimo neopažani.

• Ako vidimo da se neki muškarac pretvara u ženu simbolizuje činjenicu da taj muškarac nije snažan na unutrašnjem nivou. Takođe može da predstavlja činjenicu da vrlo dobro razume žensku psihologiju. Isto tako, može da simbolizuje božansku dušu dotičnog muškarca ili neki prošli život.

• Ako se pretvaramo u kamen pokazuje činjenicu da je potrebno da budemo fleksibilniji, a ako nismo vodili brigu, ostaćemo okamenjeni zbog Ja-ova ili psiholoških agregata. Takođe simbolizuje činjenicu da smo puni okamenjenih koncepata.

• Ako postajemo od bronze ili srebra, predstavlja potrebu da se stvori snažan život na unutrašnjem nivou.

• Ako postajemo od bakra govori nam o činjenici da se približava neka metamorfoza koja će biti viša.

• Ako postajemo od zlata simbolizuje da se stvara zlato Duha u našoj duši.

METLA	• Vidi *Čistiti*.
MIKROSKOP	• Vidi *Lupa*.
MILOSTINJA	• Razvijanje dobročinstva i velikodušnosti.

• Ako dajemo, simbolizuje potrebu da se kristališu u nama one vrednosti ili da treba da platimo desetak.

• Ako primamo, simbolizuje činjenicu da ćemo primiti božansku pomoć.

MIŠ ili PACOV

• Životinjski Ego, veoma konkretno, psihološki agregati bluda.

• Ako je sopstvena kuća zauzeta miševima, znači da ćemo imati borbe sa bludom na unutrašnjem nivou.

• Ako nas ujeda, znači da će nas napasti bludno Ja.

• Ako dajemo nekom mišu da jede, znači da hranimo Ja-ove bluda.

MLADEŽ

• Psihička nenormalnost.

• Ako odstranjujemo mladeži, traži nam se da se prolepšamo na psihološkom nivou pomoću unutrašnjeg rada.

MLEKO

• Drugo svedočanstvo Alhemije, bele vode.

• Takođe, predstavlja mudrost iz koje treba da se hranimo.

MLIN

• Sam točak života.

• Takođe je simbol našeg seksualnog života. U njemu se melje seme.

MOČVARA

• Duhovna blokada, teškoće, prepreke na putu.

MOKRITI	• Oslobađati se od nečistote.
MOLITI (se)	• Ako se vidimo da se molimo, simbolizuje činjenicu, da želimo da se spojimo sa Ocem. Može da bude poziv na molitvu i mistiku.
MONSTRUM	• Unakaženost životinjskog Ego-a.
MORE	• Ogledalo sopstvenog života; stanje uznemirenosti ili mira u kom se nalazi jeste samo refleksija ličnog psihološkog stanja.

• Takođe simbolizuje naše merkurske vode.

• Ako ima uzburkane talase, može da predstavlja seksualne strasti u našoj unutrašnjosti.

• Ako jedan talas dolazi protiv nas i udara nas i nosi, predstavlja momente ispunjene nemirom koje ćemo doživeti, koji će nas snažno udarati i učiniće da gubimo stabilnost.

• Ako neki talas nailazi protiv nas, ali nas ne stiže, simbolizuje teške situacije koje će doći, ali nas neće psihološki srušiti.

• Vidi *Voda*.

MORSKI plodovi

• Alhemijski merkur.

• Ako su posluženi na nekom banketu, pokazuje potrebu da se hranimo alhemijskim plodovima ili da primamo pomoć pri transmutaciji.

MORSKI RAK

• Istrajnost i volja.

• Takođe je simbol alhemijskih voda.

• Iz gornjeg proizilazi:

– Rak bez nogu: alhemijski rad je šantav; nešto nam ne dopušta da napredujemo. Takođe, može da simbolizuje činjenicu da nam nedostaju resursi da budemo istrajni.

– Ako vidimo raka sa biserom, to je simbol činjenice da, posredstvom istrajnosti i Alhemije, osvojamo „seminalni biser", prvobitnu

Esenciju, odnosno, Svest koja se oslobađa onda kada započinje proces smrti.

MOST
• Uvek predstavlja opasnosti sa kojima treba da se suočimo u našem materijalnom ili duhovnom životu. Ozbiljnost ovih zavisi od teškoća koje imamo da bi ga prešli.

• Ako je slomljen, najavljuje mnogo opasnosti na našem putu.

MOTOCIKL
• Vidi *Bicikl*.

MRAK
• Tmine, ignorancija (neznanje).

• Ako smo na nekom mestu gde nedostaje svetlost, može da simbolizuje činjenicu da se nalazimo u infra-dimenzijama ili, takođe, u kraljevstvu Majke Smrt.

MRAVI
• Loše i opasne vibracije.

• Ako mravi ulaze u našu kuću: opasnost od krađe ili zle sile žele da nas napadnu.

• Vidi *Insekti*.

MREŽA
• Potreba za opuštanjem.

• Takođe može da predstavlja stanja lenjosti koja nam sprečavaju duhovni progres.

MRKVA
• Vidi *Zeleniš*.

MRTVAČKI sanduk
• Poziv da umremo sa psihološke tačke gledišta.

• Ako se vidimo unutar sanduka, potvrđuje ono što je prethodno rečeno: potreba da se doživljava mistička smrt.

MUČNINA
• Može da pokazuje činjenicu da naše eterično telo nije u redu.

MUDRAC
• Biće ili Adept Belog Bratstva.

MUNJA
• Božanski elektricitet.

• Ako pada na neku osobu, simbolizuje da božanske sile žele da pomažu dotičnoj osobi ili da je izvedu sa ovog sveta.

• Ako munja cepa neko stablo, simbolizuje činjenicu da preti opasnost da munja Kosmičkog pravosuđa izbaci sa puta neku osobu.

MUVE

• Loše vibracije Ego-a.

• Takođe bi moglo da predstavlja mračne entitete. Setimo se da postoje entiteti koji se mogu prerušiti u muve da bi došli da nam čine zlo. Nisu džabe mračni kao što je Bael i njegovi sledbenici voleli da se nazivaju „gospoda muva".

MUZIČKI
instrument

• Zakon oktava. Rafiniranje i sublimiranje na osnovu unutrašnjeg rada.

• Ako nam se poklanja neki muzički instrument, govori nam se da je potrebno da rafiniramo kako bismo se uzdigli na višu oktavu – drugi nivo Bića.

• Ako se na njemu svira, simbolizuje da smo u procesu rafiniranja.

MUZIKA

• Ako je klasična, može da pokazuje činjenicu da se nalazimo u nekoj višoj dimenziji.

• Ako je banalna muzika, pokazuje nam činjenicu da se nalazimo na nivou niske vibracije.

• Predstavlja, takođe, zakon oktava. To je poziv da sublimiramo naš način mišljenja, osećanja i dejstvovanja da bismo svakog dana bili više rafinirani u našem načinu razgovora, u alhemijskom magisterijumu, u našem ponašanju prema drugima itd.

N

NAFTA

• Alhemijske vode u sirovom stanju, trulež.

• Ako se pronalazi nafta, može da simbolizuje činjenicu da osoba otkriva svoje psihološko crnilo.

NAGOST

• Ako se vidimo nagi to je pokazatelj moralnog bola i neprijatnih i čudnih psiholoških situacija koje ćemo imati na fizičkom ili unutrašnjem nivou.

• Pokazuje takođe nedostatak unutrašnjeg rada. Pozvani smo da se odenemo na duhovnom nivou, odnosno, da stvaramo Viša egzistencijalna tela Bića.

• Takođe može da bude najava nekih rigoroznih ezoteričkih proba.

NAKITI

• Vrednosti duše.

• Ako nam se poklanjaju, simbolizuje vrednosti koje smo osvojili na putu.

• Ako ih gubimo ili su nam pokradeni, simbolizuje činjenicu da smo izgubili pojedine vrednost zbog nedostatka unutrašnjeg samo-opažanja.

NAKOVANJ
• Potreba da se rafiniraju vrline i vatre.

• Poziv da radimo sa voljom.

NAOČARE
• Potreba da se samoopažamo.

• Ako nam se poklanjaju ili ih nalazi-mo, pokazuje nam činjenicu da treba da pojačamo samoopažanje da bismo se videli takvi kakvi smo.

• Ako nam se lome naočare, simbolizuje či-njenicu da se ne samoopažamo pravilno.

• Ako su naočare za sunce, opominjani smo da treba da budemo spremni da transformi-šemo impresije.

• Ako nam se kupuju ili poklanjaju naočare za sunce, najavljuje nam se da ćemo primiti po-moć da transformišemo teške okolnosti.

NAPLATA
• Vidi *Novac*.

NAR (drvo)
• Prijateljstvo i dom. Poziv da negujemo prija-teljstvo ili da pothranjujemo bračni mir.

• Takođe nam govori o našem seksualnom se-menu.

NARANDŽA
• Nada i unutrašnja pomoć.

NARCIS
• Prijateljstvo.

• Ako nam se poklanja, najavljuje dobro prija-teljstvo sa nekim.

• Vidi *Cveće*.

NEBO
• Svest i više dimenzije.

• Ako sa neba pada vatra, predstavlja božan-sku kaznu.

• Ako je nebo belo, simbolizuje činjenicu da treba da preradimo svoju pamet sve dok ne pobeli ili da smo već u toku da to uradimo.

	• Ako je sivo, simbolizuje brige u našoj unutrašnjosti, nesigurnosti.
	• Ako je crno, predviđa nam sumornu budućnost i moralne boli.
NEBODERI	• Može da simbolizuje potrebu da stvori psihološku strukturu koja će da nam dopusti da imamo širu viziju o svim stvarima.
NEMI	• Ako želimo da govorimo pred nekim mračnim, ali ne možemo, mi smo zarobljenici moćima mraka, koje nas čine nemim.
	• Ako smo nemi, može takođe da predstavlja više sile koje nam ne dozvoljavaju da koristimo verbum zbog njegove neprikladne upotrebe.
NESVEST (pad)	• Pokazatelj činjenice da, verovatno, imamo iscrpljeno eterično telo.
	• Takođe simbolizuje činjenicu da ćemo primiti negativnu impresiju.
NEVIDLJIVOST	• Ako postanemo nevidljivi u nekom snu predstavlja poziv na pribranost, na izolaciju u odnosu na površni svet da bismo prihvatili svet Duha.
NIT	• Nit koju je Arijadna poklonila Tezeju, predstavlja nit spoznaje i unutrašnjeg rada, koji je sposoban da nas izvuče iz lavirinta teorija u kom se nalazimo.
	• Može takođe da predstavlja mračnu nit koja je utegnuta u našem pravcu.
NOGE	• Potreba da se ide prema nekom cilju.
	• Ako vidimo da je jedna noga amputirana ili ranjena, simbolizuje teškoće u onome što smo sebi predložili. Ako su obe noge ranjene, pokazuje činjenicu da će teškoće biti više i veće.
	• Vidi *Stopalo*.

NOJ	• Životinjska stanja koja treba da otkrijemo, zato što, slično ovoj životinji, skrivamo glavu da ih ne vidimo. Ovo je poziv da još više zaoštrimo čulo samoopažanja.
NOKTI	• Naša psihološka stanja. U zaključku, u zavisnosti od njihovog stanja, pokazuje nam kakvi smo na unutrašnjem nivou:
	- Ako su dugi, simbolizuje mračna stanja koja treba da izbacimo.
	- Ako su prljavi, pokazuju nedostatak unutrašnjeg rada i duhovne čistote. Takođe mogu da najavljuju akumulaciju boli i požrtvovanja.
NOPAL (meksički kaktus)	• Satvička hrana koju treba svi da jedemo.
	• Takođe, budući da je to kaktus sa trnjem, simbolizuje potrebu da se hranimo sa svesnim patnjama (bolima) i dobrovoljnim požrtvovanjem.
NOS	• Ako vidimo da nemamo nos ili ako vidimo da je jako mali, pokazuje nesposobnost analize.
	• Ako vidimo da imamo dugi nos, može da simbolizuje spretnost u analizi. Takođe može da označava težnju prema laži.
NOVAC	• Dharma, kosmički kapital.
	• Ako nam se daje novac, simbolizuje činjenicu da ćemo primiti dharmu.
	• Ako ga gubimo, simbolizuje činjenicu da nismo iskoristili priliku da osvojimo dharmu u našu korist; ili da smo izgubili neku dharmu koju smo primili.
NOVINA	• Vesti koje će stići do nas.
NOŽ	• Govori nam o opasnostima i izdajama.
	• Takođe predstavlja Put sečiva Noža, onaj koji treba da nas vodi do intimne Autorealizacije Bića.

• Takođe je simbol psihološke smrti. Potrebno je da žrtvujemo unutrašnju zver.

• Ako nam se poklanja lep nož, može da predstavlja buđenje Vatre.

• Ako ga neko baca na nas, simbolizuje činjenicu da ta osoba ružno misli o nama.

O

OAZA	• Naslućuje činjenicu da će se uspešno završiti naša potraga za nečim značajnim. • Takođe može da simbolizuje pomoć koju ćemo primiti u okviru ezoteričkog puta.
OBEŠENI	• Vidi *Uže za vešanje*.
OBEZGLAVITI	• Ako vidimo da smo obezglavljeni, simbolizuje da treba da više umiremo na psihološkom nivou. • Ako vidimo da je neko obezglavljen, simbolizuje da ta osoba treba da se bolje samoopaža kako bi uništila lažni sopstveni lik (sliku). Takođe, može da simbolizuje činjenicu da ta osoba prolazi kroz teške situacije u svom životu.
OBLACI	• Stanja Svesti. • Ako potpuno pokrivaju nebo, simbolizuje činjenicu da prema nama dolaze dani nesigurnosti, brige, uznemirenosti itd.
OČI	• Ako vidimo veliko oko, simbolizuje samoopažanje. Setimo se onoga što se kaže u starom

gnostičkom ritualu: „Božansko oko, vašom zapovešću, seče glave, reže grla, čupa, komada srca i uništava osuđene u Duplom Vatrenom jezeru". Nema sumnje da onda kada se aludira na činjenicu da „božansko oko seče glave, reže grla, čupa, komada srca i uništava osuđene", uvek treba da se razume ovaj pokolj u vezi sa zadatkom naše unutrašnje lične Božanske Majke, koja će, uz pomoć božanskog oka samoopažanja, uništiti i svesti na prah psihološke agregate koji su osuđeni na smrt.

• Takođe, predstavlja viziju Boga, koji sve nadgleda i sve vidi. Predstavlja Biće koje nas opaža. Egipćani nam govore, u njihovoj teologiji, o „Oku Ra" i takođe o „Božanskom oku Horusa".

• Vidi *Slep*.

ODELA

• Odela naše duše. Zbog toga, ako se vidimo goli simbolizuje moralnu nesreću.

• Ako su nova i lepa, jesu vrednosti duše, duševna odeća.

• Ako su stara i prljava, ukazuje nam na činjenicu da vučemo karmu našim telom.

• Ako peremo odeću i širimo je, simbolizuje činjenicu da se oslobađamo starih karmi: poništeni su stari dugovi.

• Ako su raširena, a vetar ih nosi, pokazuje nam činjenicu da ne vodimo brigu o sopstvenim promenama.

• Vidi *Donje rublje* i *Platna*.

OGLEDALO

• Merkurske vode u kojima se odslikava naš unutrašnji rad jesu ogledalo Alhemije. Drugim rečima, ovo ogledalo je svakodnevno samoopažanje naše psihološke domovine, da bismo u njemu videli da li različiti agregati, na kojima radimo u Vulkanovom užarenom ognjištu, dopuštaju slobodan put Esenciji ili ne.

• Ako se posmatramo u ogledalu i vidimo unakaženo ili monstruozno stvorenje, mi vidimo Ja.

• Ako u njemu vidimo lepu ženu, simbolizuje našu dušu.

• Takođe, simbolizuje naš kapacitet na duže vreme da vidimo naše prošle živote.

OKEAN	• Vidi *More*.
OKLOP	• Unutrašnji vehikli (tela) naše duše. Viša Egzistencijalna tela Bića.

• Ako je oklop od zlata, može da simbolizuje stanja čistote naših tela u drugim egzistencijama. Ako se osoba koja sanja ovu stvar nalazi u misterijama, kaže joj se da treba da se bori kako bi stigla da ima svoja unutrašnja tela u tim uslovima.

OLOVKA	• Vidi *Pero za pisanje*.
OLTAR	• Oltar od sjajnog mermera ili od skupocenog metala jeste živo predstavljanje intimnog Hrista koji je odeven u svoja odela od čistog zlata, tj. upravo Filozofski kamen.

• Oltar od grubog kamena simbolizuje seksualnost. Ovo je, dakle, živa alegorija upornog rada sa čudotvornom Hamsom koja čeka neofita koji želi da ponovo vrati svoj istinski solarni identitet.

• Dva oltara simbolizuju muške i ženske sile.

OLUJA	• Teške situacije se nama bliže. U nekim slučajevima, uzrok je upravo Ja; u drugim slučajevima, okolnosti su stvorene karmom.
OPEKOTINA	• Vidi *Vatra* i *Sunce*.

ORAH

• Poziv da imamo blagi karakter i da ne budemo tvrdoglavi.

• Ako sebe vidimo da jedemo orahe, opominje nas činjenicom da treba da vodimo brigu o pameti.

ORAO

• Božanska duša koja boravi u unutrašnjosti čoveka, Realno Biće tajne filozofije.

• Ako leti visoka, onda je Biće koje nam svedoči o njegovom prisustvu.

• Ako se spušta, onda je Otac koji dolazi da nas traži.

• Ako lebdi iznad nas dok idemo, onda je Biće koje nas osmatra.

• Takođe predstavlja treće svedočanstvo Alhemije, pozlaćene vode jesu već spremne da budu oplođene.

• Ako ima žensku glavu, simbolizuje Oca-Majku. Ženske sile. Takođe može da predstavlja sublimisani merkur posredstvom nežnosti.

• Vidi *Ptice*.

ORATI

• Pripremanje našeg psihološkog zemljišta — fizičkog tela — za Alhemiju.

• Ako vidimo sebe da oremo, a ima mnogo kamenja na terenu, znači da neće biti lako da radimo sa svojim merkurom. Pozvani smo da imamo strpljenja.

ORKESTAR

• Univerzalni verbum (reč), struja zvuka.

• Vidi *Muzički instrument*.

ORMAN

• Nivoi naše pameti.

• Ako je orman neuredan i prljav, simbolizuje upravo naše unutrašnje nivoe koji se nalaze u neredu i mizeriji.

ORTODONTSKI aparat	• Budući problemi sa verbumom (reči).
	• Ako ga vidimo na našim zubima, simbolizuje da treba da budemo pažljivi sa upotrebom verbuma.
	• Ako nam se izvlači ili ga mi izvlačimo, simbolizuje da treba da okončamo sa svojim verbalnim problemima.
ORUŽJE	• Duševne sile.
	• Ako upotrebljavamo oružje, može da simbolizuje doktrinu kojom treba da se branimo ili unutrašnje moći našeg Bića koje treba da se iskoriste.
	• Zavisno od oružja koje je u pitanju, može da bude poziv za osvajanje pojedinih osobina da bismo se suprotstavili životinjskom Ego-u.
OSLEPLJENJE	• Vidi *Slep*.
OSTRIGA	• Vidi *Morski plodovi*.
OSTRVO	• Unutrašnja samoća, izolacija od sveta. To je, dakle, poziv da izađemo iz samozatvaranja i da učimo da živimo u društvu.
	• Takođe može da bude pokazatelj činjenice da treba da se više interioriziramo (unesemo u unutrašnjost).
OTROV	• Ako smo otrovani, znači da smo napadnuti na unutrašnjem nivou od strane zlokobnih.
	• Ako pripremamo otrov, može da znači da smo zahvaćeni nekim Ja-om koji nas truje na psihičkom nivou.
OVAS	• Vidi *Seme*.
OVCA	• Duša.
	• Ako vidimo crnu ovcu, ovo simbolizuje neku osobu kojoj je potrebna orijentacija u njenom životu.

P

PADOBRAN

• Unutrašnja pomoć da se obavi jedan deo našeg puta.

• Ako nam se traži da sa njim skočimo, govori nam se da se ne bojimo da napredujemo sa nekim projektom.

• Ako skačemo sa padobranom nagi, simbolizuje da rizikujemo u nečemu na našem putu i da ćemo imati moralne boli.

PAJAC

• Ego, Ja koji nam se ruga.

• Ako ga vidimo, simbolizuje da vidimo egoična stanja.

PAKAO

• Niže dimenzije prirode u čiju unutrašnjost smo se spustili iz određenog razloga.

PAKET

• Isto kao i pismo, pokazuje poruku ili vest koja treba da nam stigne.

PALATA

• Može da simbolizuje činjenicu da smo konstruisali unutrašnje vehikle u drugim životima.

• Takođe simbolizuje sedište našeg Bića.

• Vidi *Kaštel*.

PALICA	• Kičmeni stub sa svojih sedam crkava. Takođe je falički simbol.
	• Ako nam se poklanja palica, pozivani smo da radimo sa tantrom.
PALMA	• Naše Biće.
	• Palma takođe predstavlja pobedu.
PANTALONE	• Poziv da stavimo u aktivnost deo naše virilnosti (muškosti) ili da dobijemo hrabrost i smelost.
	• Može takođe da bude poziv da stvorimo naše duhovno meso – unutrašnja tela.
	• Ako vidimo pocepane pantalone, simbolizuje izgubljene vrednosti.
	• Ako nam se poklanjaju lepe pantalone, znači da ćemo dobiti pomoć da napredujemo.
PAPAGAJ	• Neprikosnoveni Sveti Duh.
	• Vidi *Ptice*.
PAPAGAJ (mali)	• Potreba da se nauči kontrola verbuma (reči).
	• Takođe može da pokazuje činjenicu da ćemo primiti neku poruku.
	• Vidi *Ptice*.
PAPIRUS	• U zavisnosti od toga šta je na njemu napisano, jeste poruka Belog Bratstva za nas.
PAPRIKA	• Plod naše filozofske zemlje.
	• Ako je zelena, simbolizuje merkur u procesu sazrevanja.
	• Ako je crvena, simbolizuje činjenicu da se naš merkur nalazi u procesima promene.
	• Vidi *Povrće*.
PARADAJZ	• Najavljuje fizičku bol
	• Ako ih vidimo, ako ih jedemo, najavljuje bolesti koje kruže oko nas, ali koje možda neće stići da se kristalizuju.

	• Ako se kupamo u paradajz soku, simbolizuje snažne opasnosti, pogotovo po zdravlje.
PARAZITI	• Vaši, buve, krpelj itd, simbolizuju ogovaranja (tračeve) i klevete protiv nas. Ako nas nemilosrdno ujedaju, predstavljaju kritike bližnjeg koji nas moralno mrcvari.
	• Paraziti mogu da simbolizuju isto tako i astralne larve.
PARFEM	• Prijateljstvo.
	• Ako nam se poklanja ili se namirišemo, znači da ćemo imati prijatno prijateljstvo.
PARTITURA	• Ako nam se uručuje, pozvani smo da tražimo više harmonije u svetu ljudskih odnosa.
PAS	• Seksualni instinkt. Zbog toga je pas taj koji nas vodi do samih vrata Apsoluta. I zbog toga su mnogi srednjovekovni sarkofazi, koji čuvaju ostatke kavaljera templara, imali izvajanog psa u svojim strukturama kod nogu polegnute skulpture samog kavaljera. U ovom slučaju, bilo je da bi se prikazala činjenica da su instinktivne seksualne sile dotičnog kavaljera bile pripitomljene, odnosno, kontrolisane disciplinom koju je praktikovao dotični kavaljer tokom života.

• Takođe, može da simbolizuje merkurskog agenta. Setimo se onih dvaju pasa: jednog koji pripada Boginji Artemis i drugog koji pripada simboličnom Korasanu (Corasan). Odavde proizilazi, na primer, sledeće:

– U zavisnosti od boje psa, može da predstavlja boju našeg merkura.

– Ako vidimo psiće kako sisaju mleko to simbolizuje da sile našeg merkura rastu i postaju sve snažnije.

• Takođe je simbol prijateljstva i vernosti. Na astečkom kalendaru se pojavljuje znak

„Itzcuintli" – psa, kao reprezentacija „dese-tog dana". U ovom slučaju hijeroglif pokazu-je astečkom inicijatu potrebu da bude veran svojim Majstorima.

• U mnogim slučajevima, može da predstavlja neku konkretnu osobu. Polazeći odavde, u za-visnosti kakav stav ima prema nama, takav će biti i odnos prema toj osobi. Na primer:

– Ako je miran i pomaže nam, najavljuje činje-nicu da će nam neki prijatelj pomoći. Ima da bude neki prijatelj ili prijateljica veoma ljuba-zan sa nama.

– Ako je beo, moguće je da bude neka osoba sa belom bojom kože; ako je crn, onda će biti osoba sa crnom bojom kože. Može, takođe, da predstavlja Belu magiju ili Crnu magiju.

– Ako je agresivan, može da predstavlja oso-bu koja je zlonamerna prema nama. Takođe, može da simbolizuje nekontrolisani seksualni instinkt.

– Ako nas ujeda, simbolizuje činjenicu da ćemo biti žrtve neke uvrede koju će nam neko naneti; ili ćemo biti žrtva seksualnog napada ili žrtva nekog našeg Ja gneva.

PASOŠ

• Dopuštanje Velikog zakona.

• Ako nam, na primer, neki policajac uručuje pasoš, predstavlja Zakon koji nam daje licencu da bismo mogli da razvijamo neki projekat.

• Ako nam neki agent zakona ili pravosuđa oduzima ili cepa pasoš, upliće činjenicu da će nas Veliki zakon sprečiti da realizujemo nešto što želimo da uspešno privedemo kraju.

PASTIR

• Vodič duša. Može da bude Biće ili Adepti Bele Lože koji rukovode duše.

PASULJ

• Vidi *Seme*.

PATKA
- Isparljiv element, merkur.
- Vidi *Ptice*.

PATULJCI
- Nenormalnost u našoj psihi, Ja-ovi.

PAUČINA
- Razboj egzistencije. Sudbina.
- Ako nas obavija i hvata nas, može da simbolizuje:

- Da nas je uhvatilo Ja svojim pipcima, uhvaćeni smo u stanju ateizma, mitomanije, mentalnim komplikacijama itd.

- Kao rekurencija, pokušava da nas uhvati i potčini.

- Ako vidimo svetlu paučinu, simbolizuje činjenicu da treba da čekamo da deluje moć sudbine kako bi se konkretizovale određene duhovne stvari.

PAUK
- Duša koja čini napore na razboju egzistencije da bi stvarala nove okolnosti koje će nas ispuniti svetlošću.

- Crni pauk koji nas vreba, može da simbolizuje mračne sile koje nas vrebaju.

- Svetli pauk koji tka svoju mrežu simbolizuje činjenicu da se naša sudbina tka.

- U mnogim slučajevima, pauci simbolizuju unutrašnje larve.

- Vidi *Paučina*.

PAUN
- Svojim raznobojnim perjem, simbolizuje faze transformacija našeg tajnog merkura.

- Može takođe da bude simbol hermetičkog trijumfa.

- Ako imamo pauna u kući i hranimo ga, predstavlja vođenje brige o našem merkuru.

- Takođe, može da simbolizuje psihičke agregate ponosa, sujete, samopoštovanja, arogancije.

PČELA

• Marljivost u unutrašnjem radu. Poziv da budemo vredni ili pokazatelj činjenice da je naš unutrašnji rad plodan. Egipćani su je nazivali „suza Ra-ova".

• U nekim slučajevima može da bude simbol ljudske duše koja se može uzdići svojim krilima iznad zemaljskog života.

• Ako nas ubada, simbolizuje da će nam naš unutrašnji rad proizvesti bol.

• Kada vidimo košnicu pčela, simbolizuje da treba da uložimo sve naše napore u rad na nama samima.

• Kada vidimo pčelu maticu to znači da primamo pomoć od jednog značajnog dela svoga Bića.

PECATI

• Dobijanje alhemijskog merkura.

• Takođe može da predstavlja čežnju i želju da kristališemo nešto u našem životu.

• Na isti način, može da simbolizuje apostolat: akcija da se upecaju duše u vodama života da bi se vodile u prebivalište Oca.

• Vidi *Ribe*.

PEČAT

• Odluka u vezi sa našim životom.

- Ako nam je uručen, znači da treba da donesemo neku odluku.

- Ako nam se pokazuje pečat, treba da vidimo ono što nam se pokazuje i da postupamo u skladu sa tim.

PEČURKE

• Unutrašnji alhemijski plodovi.

• Ako su otrovne, simbolizuju alhemijske parazite.

• Ako ih beremo u lepoj šumi, alegorišu činjenicu da beremo plodove alhemijskog rada.

• Vidi *Gljive*.

PEĆINA	• Vidi *Kaverna*.
PEGAZ	• Pročišćeni merkur, koji je već spreman za Veliko Delo. Mitologija nam kaže da se ova životinja rodila iz krvi Meduze, nakon što je bila obezglavljena od Perseja. Očigledno, sa gnostičke tačke gledišta, ako se ne budu poništili različiti psihološki agregati koje imamo u našoj unutrašnjosti, dokazuje se da je nemoguće da se pripremi merkur mudrih kako bi se stupilo u velika alhemijska ostvarenja.

• Ako na njemu letimo, simbolizuje činjenicu da se naš merkur pročišćava.

• Može takođe da simbolizuje već stvorena unutrašnja tela.

PEGE	• Brige.

• Ako se gledamo na ogledalu i vidimo da smo puni pega, znači da smo puni briga.

PEGLATI	• Poziv da napravimo red u svom životu.
PEHAR	• Sveti Gral: žensko Joni (Yoni).

• Ako je razbijen ili oksidiran, problemi sa Hermetičkom posudom i mogući alhemijski zastoj.

• Ako nam ga neko poklanja, a mi smo neženje, najavljuje moguću bračnu budućnost. Ako smo u paru, a postojala je seksualna pauza, poziva nas da se ponovo spustimo u Devetu sferu.

• Takođe simbolizuje Božansku Majku, našu unutrašnju Devicu.

• U pojedinim slučajevima, može da predstavlja kristalisanu pamet, koja sadrži vino svetlosti koje osemenjuje mozak.

• U zavisnosti od konteksta, može da simbolizuje gorčine koje ćemo doživeti na putu. Setimo se onog pehara gorčine na koji se odnosio Isus onda kada je rekao: „Oče! Kad bi hteo da proneseš ovu čašu mimo mene! Ali ne moja volja nego Tvoja da bude.“

PELERINA
• Božanska zaštita.

• Takođe može da predstavlja nešto što oblači naš život. Na primer, ako je pelerina crveno svetle boje, simbolizuje činjenicu da je osoba prekrivena nepoželjnim strastima.

PELIKAN
• Intimni Hristos koji se diže na oltar vrhovnog požrtvovanja da bi dao svoju krv za čovečanstvo. Podsetimo se verovanja po kom je ova ptica sposobna da cepa svoje telo da bi hranila svoje ptičiće svojom krvlju. Postoje, takođe, grafičke reprezentacije ili srednjovekovne gravure gde se pojavljuje pelikan koji hrani svoje ptičiće krvlju koja mu izvire iz grudi. Evo ovde gnostička alegorija intimnog Hrista, koji hrani svojom silom i alhemijskom tinkturom – crvenim lavom ili četvrtim svedočanstvom Alhemije, onih sedam Egzistencijalnih tela koja poseduje svaki istinski Adept i koja će ga nositi do vrhunca unutrašnjeg vaskrsenja, odnosno, do ezoteričkog trijumfa.

• Po onome što je bilo ranije rečeno, to je takođe simbol altruizma, filantropije, nesebične ljubavi, dobročinstva itd.

PENTAGRAM
• Sa vrhom nagore predstavlja vladavinu Duha nad elementima prirode i inkarniranog Hrista u savršenog čoveka.

• Sa vrhom nadole, simbolizuje Satanu i palog anđela.

PEPELJARA
• Vidi *Pepeo*.

PEPEO
• Poziv da svedemo Ja na pepeo.

• Vidi *Smrt*.

PERO

• Ptičije pero simbolizuje sublimaciju. Predstavlja takođe isparljiv elemenat Alhemije: merkur.

• Pero za pisanje simbolizuje potrebu da se zabeleži nešto važno. Ako nam se daje, može da bude opomena Oca da verovatno pišemo nešto važno za čovečanstvo. Takođe, pero za pisanje simbolizuje faličku snagu, filozofsku olovku.

PESAK

• Ako ga vidimo na našem telu ili u našoj kući, predstavlja karmu u akciji.

• Ako se potapamo u pokretni pesak, simbolizuje da smo zahvaćeni velikim problemom.

PEŠKIR

• Potreba za unutrašnjom čistotom.

• Ako uzmemo peškir koji je prljav ili pocepan, opomenuti smo u vezi sa teškoćama koje imamo da bismo se očistili sa psihološke tačke gledišta ili da činimo nešto loše na unutrašnjem radu.

PETAO

• To je GAIO, pravi aluziju na fundamentalnu mantru gnostičke Alhemije: I.A.O. predstavlja merkur tajne filozofije i seksualne sile.

• Simbolizuje takođe buđenje u novom danu, besmrtnu auroru, hrističku solarnu silu kako se uzdiže na istoku da bi okončala tmine noći. Jeste, dakle, dobar znak ako ga vidimo na unutrašnjem nivou.

• Takođe, predstavlja potrebu da budemo kao stražar za vreme rata (u dubokom psihološkom samoopažanju), sa ciljem da pronađemo Ego u akciji da bismo kasnije mogli da ga uništimo.

PEVATI

• Čežnje duše koja se izražava.

• Pevati operu simbolizuje da nam se traži psihološko rafiniranje, sublimiranje u našem životu uopšte, razumevanje muzičkih oktava puta, sublimiranje našeg oblika mišljenja, osećanja i delovanja.

• Slušanje opere predstavlja unutrašnju poruku koja nam se daje.

• Pevanje profane muzike pokazuje činjenicu da smo uhvaćeni u iluzornom svetu, osim ako ta melodija sadrži poruku koja nam je namenjena na psihološkom ili duhovnom nivou. Treba da opažamo sadržaj pesme.

PIJANICA

• Ako sebe vidimo pijane i kako se batrgamo, znači da smo veoma učaureni i dezorijentisani u našem životu.

• Ako se vidimo u pijanom stanju i u sedećem stavu, moglo bi da znači da smo opijeni mudrošću.

PILE

• Vidi *Kokoška*.

PILENCE

• Duševne vrednosti i vrline kojima je potreban unutrašnji razvitak.

• Ako ih vidimo kako izlaze iz ljuske, simbolizuje činjenicu da se u nama stvaraju nove vrednosti.

PILOTIRATI

• Avion: simbolizuje uzdizanje našeg duhovnog leta.

• Čamac: činjenica da mi rukujemo našim alhemijskim bračnim životom.

• Helikopter: poziv da se naglasi samoopažanje.

PINGVIN

• Duhovno rafiniranje (oplemenjivanje).

PIRAMIDA

• Tri primarne sile Kreacije. Podsetimo se da termin „piramida“, sa ezoteričke tačke gledišta, ima dva korena: pire = vatra i mide = mera; dakle, „mera vatre“.

• Simbolizuje, takođe, sanktuarijum duše.

• U drugim slučajevima, predstavlja uzdizanje materije ka Duhu.

PIRINAČ	• Pirinač, pšenica ili ječam simbolizuju seksualno seme koje treba da transmutiramo. • Vidi *Seme*.
PISMO	• Poruka koja treba da stigne do nas. Buduće vesti.
PIVO	• Filozofski merkur, jer je pivo, setimo se, proizvod fermentacije semenki ječma – seme. • Ako pijemo pivo, to je poziv da se prehranjujemo sirovinom Velikog Dela: merkurom mudraca.
PIŽAMA	• Zaštita nekih osoba koji su ravne nama ili višeg stepena.
PLAKATI	• Vidi *Suze*.
PLAMENOVI	• Vidi *Vatra*.
PLANETA	• Poziv da otkrijemo naš lični kosmos, naš unutrašnji svet. • Ako vidimo raznobojne planete može da najavljuje promene u našim merkurskim vodama.
PLANINA	• Tajni put. • Ako se na nju penjemo, znači da pokušavamo da doživljavamo inicijatički put.
PLATNA	• Potreba za odećom našoj duši. Poziv da stvorimo unutrašnja tela. • Ako nam se poklanjaju, ova stvar hoće da kaže da ćemo primiti pomoć za stvaranje ovih odela. • Ako za njih plaćamo određenu cenu, simbolizuje da treba da pregovaramo sa Zakonom u vezi ovih odela. • Neka se takođe vidi *Odela i Posteljina*.
PLAVI patlidžan	• Alhemijsko pečenje u dobrom stadijumu. • Svojom ljubičastom bojom može da nam pokazuje, takođe, potrebu da se hrani volja. • Vidi *Povrće*.

PLAŽA

• Ako sebe vidimo kako ležimo na pesku neke plaže, može da simbolizuje činjenicu da se približava period odmora. Takođe, može da nam ukazuje na stanje komotnosti koje treba da ispravimo.

• Ako se vidimo kako šetamo na plaži, na obali mora, može da simbolizuje rad sa alhemijskim vodama.

PLIVATI

• Borba protiv teškoća.

• Takođe simbolizuje rad sa vodama – Alhemiju.

• Ako plivamo protiv struje, simbolizuje činjenicu da treba da uložimo napore u nešto što ostvarujemo, a koje zahteva silu.

• Vidi takođe *Kupati se* i *Voda*.

PODZEMLJE

• Podzemlja i lavirinti simbolizuju okultna stanja naše pameti.

POLICAJAC

• Agent Božanskog zakona.

• Ako je njegov stav neprijateljski: približava se neki bol da bi se platili stari dugovi.

• Ako je njegov stav prijateljski: pomoć od strane Božanskog zakona.

• Ako nas hapsi ili zatvara, pokazuje činjenicu da će da nam se naplati neka karma i da ćemo proći kroz period nespokojstva i nevolje.

POMRAČENJE

• Sunca: simbolizuje period u kom će naše Biće nedostajati ili, takođe, da se mračne sile postavljaju između našeg Bića i nas. Najavljuje, dakle, period budućih konfuzija zbog nedostatka duhovne svetlosti.

• Meseca: smanjenje aktivnosti Ego-a u nama.

PONIŽENJE

• Probe da bi se ocenila naša unutrašnja smrt.

• Ako prolazimo kroz strašno poniženje, simbolizuje činjenicu da ćemo imati probe gordosti ili se približavaju probe koje će, ako ih prođemo, otvoriti put za uzdizanje.

POPLAVA

• Najavljuje činjenicu da ćemo biti poplavljeni problemima različitih vrsta, koji će dolaziti jedan za drugim da bi nam utopili mir.

• Može takođe da simbolizuje probu vode koja se približava.

POSTELJINA

• Zaštita.

• Ako se njome pokrivamo, znači da smo zaštićeni.

POŠTAR

• Vidi *Pismo*.

POVORKA

• U zavisnosti od toga ko učestvuje u povorci, može da simbolizuje jednu ili drugu stvar. Na primer, povorka koju vodi Izis sa tacnom u svojim rukama, na kojoj se nalazi odsečena glava – glava Jovana Krstitelja, simbolizuje gnozu, inicijatičku spoznaju.

POVRAĆATI

• Izbacivanje nečeg što nije transformisano na psihičkom nivou.

• Ako povraćamo krv, opomenuti smo da postoji opasnost od jakih moralnih patnji.

POVRĆE

• Svako povrće ili zeleniš simbolizuje vegetalni merkur, odnosno, energiju u svojoj etapi pretvaranja. To je vegetalna tinktura (rastvor) alhemičara. To je filozofski merkur u svom početnom stadijumu. Jasan poziv za devotana da nastavi da rafinira sakrament Crkve iz Rima (Roma): ljubav.

• Vidi *Zeleniš*.

POŽAR

• Konflikti oko nas koji prete da nas sagore.

• Ako vidimo požar, simbolizuje da ćemo biti svedoci nekog konflikta.

• U pojedinim prilikama predstavlja klevete koje se pojavljuju protiv nas.

• Vidi *Vatra*.

PUSTINJAK	• Poziv da budemo refleksivni. Potreba za pribranost i analizu.
PRATI	• Ako se vidimo kako peremo veš, to je pokazatelj činjenice da peremo karmu.
PRAVOUGLI trougao	• Predstavlja pravilan način mišljenja, pravilan način osećanja i pravilan način delovanja. Ove tri vrednosti jesu te koje nas održavaju u ravnoteži u okviru onoga što nazivamo, sa gnostičke tačke gledišta, tajnog puta.
PREČICA	• Mogućnost da se neki projekt kristalizuje pre predviđenog vremena.
	• Ako nam se prikazuje prečica da bismo stigli na neko mesto, pokazuje nam se činjenica da ćemo primiti materijalnu ili duhovnu pomoć da bi se nešto značajno brzo ispunilo.
PRELJUBA	• Kršenje Zakona, na bilo koji način.
	• Takođe simbolizuje Ja-ove u akciji, u ovom slučaju, ja-ove bluda.
PREPELICA	• Kao i svaka ptica simbolizuje Svetog Duha.
	• Takođe može da predstavlja filozofski merkur.
	• Vidi *Ptice*.
PRERUŠAVANJE	• Egoična stanja ili stanja našeg personaliteta.
PRIBOR ZA JELO	• U svom ansamblu, predstavlja poziv da se hranimo materijalno i duhovno.
	• Ako je oštećen, opominje nas o problemima u vezi sa pravilnim služenjem hrane.
PRIJATELJI	• Ako pokazuju egoički stav, mogu da simbolizuju njihove psihološke agregate. Takođe, reč je o proročkoj opomeni koja nam je upućena u vezi sa ovim prijateljima.
	• Ako postoji viši stav, mogu da budu delovi Bića ili Majstori koji uzimaju oblik onih prijatelja.
PRINC	• Ako se ovaj simbol pojavi u snu muškarca, može da predstavlja Ljudsku Dušu. Žene bi

trebalo da vide u ovom simbolu sopstvenog Budi (Buddhi).

• Takođe, može da predstavlja Intimnog.

PROSJAK

• Duhovno siromaštvo. Takođe, može da znači predskazivanje činjenice da se približavaju nestašice u našem životu.

PROVALIJA

• Predviđa rizike koji se približavaju.

• Ako se do nje približavamo, opomenuti smo o opasnostima u našem materijalnom i duhovnom životu. Treba da budemo veoma oprezni kako ne bismo bili njihove žrtve. Takođe može da pokazuje činjenicu da smo u etapi života u kojoj treba da donesemo značajnu odluku.

• Ako u nju padamo, želi da kaže da u nečemu grešimo na našem duhovnom putu. To je opomena, sa ezoteričke tačke gledišta, da padamo i da treba da se hitno popravimo.

• Ako smo pozvani da iz nje izađemo, opomenuti smo da treba da napustimo nepodesne stavove.

• Ako smo pozvani da u nju skačemo, može da bude najava probe vazduha koja se bliži.

PROZOR

• Ako je otvoren, može da simbolizuje da nam se dopušta da percipiramo stvari koje će stići u naš život ili o kojima ćemo u međuvremenu biti informisani.

• Ako je zatvoren ili ima rešetke, najavljuje da za sada nećemo imati pristup informacijama.

PRSTEN

• Fizički ili duhovni savez.

• Ako nam se uručuje prsten, simbolizuje poziv prema Alhemiji ili osvajanje određenih unutrašnjih stepena.

• Ako ima Solomonov pečat, simbolizuje činjenicu da se realizovalo Veliko Delo ili da naš rad ide dobrim putem.

PRTLJAŽNIK

• Skrivene tajne koje će nam biti vremenom otkrivene.

• Takođe može da simbolizuje okultna stanja pameti koja treba da otkrijemo.

PŠENICA

• Ljudsko seme koje treba da bude oplođeno u unutrašnjosti ljudskog bića.

• Vidi: *Klas*.

PTICE

• Ptice, obično, često predstavljaju Svetog Duha.

• Tropske ptice mogu da najavljuju radosti.

• Ptice koje se hrane strvinama ili koje su crne mogu da simbolizuju naše alhemijsko truljenje, odnosno, psihološku smrt. Takođe, predstavljaju Crnu magiju. I isto tako, mogu da najavljuju nečiju fizičku smrt.

• Ako nas okružuju obojene ptice, ova stvar može da simbolizuje našu alhemijsku sublimaciju ili bliske pomoći od strane Majstora Belog Bratstva.

• Ako ptice hrane svoje ptičiće, simbolizuje Svetog Duha koji prehranjuju naše unutrašnje vehikle (tela).

• Kada vidimo razne ptice koje lete u jednom pravcu, pokazuje činjenicu da ćemo biti vođeni.

• Ako lete uvis, simbolizuje naše čežnje ili potrebu da se više sublimira alhemijski rad.

• Ako su u kavezu ili su vezane, san hoće da kaže da držimo zarobljene naše duhovne nemire i dotični nemiri ne mogu se ispoljavati.

• Takođe mogu simbolizovati isparljivi elemenat Alhemije: filozofski merkur. U zavisnosti od situacije u kojoj se nalaze ili oblika u kom ih vidimo, pokazuje nam progres procesa sublimiranja naše stvaralačke energije.

• Takođe, simbolizuje vesnike. Buduće vesti koje ćemo dobiti.

PUKOTINA

• Napomena bliske opasnosti u našoj psihologiji.

PUPAK

• Simbolizuje izvor života.

• Prljavi pupak: loše zdravstveno stanje.

• Vidi *Pupčani kordon (vrpca)*.

PUPČANI kordon

• Izvor života, činjenica da smo zakačeni za jedan ideal, da smo sa nekim ujedinjeni.

PUŠITI

• Aluzija da radimo sa alhemijskom vatrom.

PUT

• Inicijatička putanja, unutrašnji put.

• Ako je prav i bez prepreka, simbolizuje činjenicu da je naš put na određeni period podnošljiv; postojaće olakšice i pomoć u procesu Inicijacije.

• Ako nije u dobrom stanju, simbolizuje činjenicu da se na našem putu nalaze nepogodnosti ili probe i da ćemo doživeti psihološke gimnazije.

PUTER

• Ako ga vidimo u nekoj posudi ili na tacni, na primer, može da alegoriše treće svedočanstvo Alhemije, žute boje našeg merkura.

• Ako ga vidimo da nije na svom mestu može da nam pokazuje slabost. Na primer, mač od putera nam pokazuje činjenicu da je naša volja veoma slaba.

PUTOVATI

• Traženje samospoznaje.

• Ako vidimo sebe da se spremamo na put, simbolizuje činjenicu da treba da pojačamo unutrašnju pripremu.

• U zavisnosti od toga gde se obavlja to putovanje, pokazuje nam jednu ili drugu stvar. Na primer:

– Ako je to putovanje u Poljsku, pokazuje činjenicu da postoji potreba da se radi sa Arkanumom A.Z.F. – jer ime te zemlje sadrži slova I.A.O.

– Ako je to putovanje u Jugoslaviju, kaže nam se – u fonetičkoj Kabali (na primer za Špance) – naš put (šp. via) ili put, treba da bude takav da nosimo jaram (šp. yugo); drugim rečima, da doživljavamo svesno požrtvovanje i dobrovoljne patnje, a da ne zameramo (objiciramo).

– Ako je to putovanje u Matar, pokazuje nam se – pozivajući se na fonetičku Kabalu, Da treba da usmrtimo (šp. matar) Ja.

• Takođe, može da bude predviđanje nekog fizičkog putovanja.

PUŽ

• Spiralni život, odnosno, stalni ponovni povratci na višim spiralama ili nižim, zajedno sa pridruženim rekurencijama.

• U zavisnosti od toga kako vidimo puža, može da nam prikazuje da smo sada na višoj ili nižoj spirali života.

PUŽ
bez kućišta

• Početna stanja Svesti. Duhovna sporost.

R

RAĐANJE	• Pokazatelj činjenice da se neki problem koji imamo završava ili da će se na kraju kristalisati neki projekat.
	• Ako je rađanje bezbolno, ova stvar želi da kaže da će se problem lako rešiti.
RAKETA	• Naše goruće želje da spoznamo nepoznato.
	• Ako putujemo nekom raketom, jesu naše čežnje da se putuje prema nepoznatom, sa psihološke tačke gledišta.
RANA	• Može da simbolizuje da ćemo primiti moralni udarac.
	• Vidi *Krv*.
RASPRAVA	• Vidi *Rat*.
RASPUST	• Ako vidimo da smo na odmoru, može da simbolizuje da se približava neki dharmički odmor.
RAT	• Ako ga vidimo, može da bude pokazatelj moguće psihološke gimnazije.

• Takođe može da bude najava nekih ratnih zbivanja koja će se uskoro odvijati u fizičkom svetu.

• Ako dolazi protiv nas, govori nam o realnoj opasnosti da doživimo teške situacije bola ili, uključujući, da budemo napadnuti od crne magije. Potrebno je da budemo budni.

• Ako idemo u rat, govori nam o potrebi da stupimo u unutrašnju borbu da bismo suzbili životinjski Ego.

RATNIK

• Ako se takvog vidimo, govori nam o potrebi da se pretvorimo u tog ratnika. Poziv da budemo disciplinovani u unutrašnjem radu i, kao posledica toga, da budemo gorči sa samim sobom.

• Ako ga vidimo, može da bude reč o delu našeg Bića ili o nekom anđelu.

RAZILAŽENJE

• Promena u našem životu. Prelaženje na drugi nivo Bića ili na drugi nivo života uopšte. U zavisnosti od konteksta, može da bude na višoj ili nižoj spirali.

RAZVOD

• Vest o mogućem razvodu.

• Takođe može da predstavlja, po zakonu suprotnosti, aranžmane na unutrašnjem nivou sa našim partnerom, brak ili budući savez sa nekim.

REKA

• Struja života – naša egzistencija.

• Ako se u njoj kupamo, poziva nas da se pročistimo u Alhemijskim vodama.

• Takođe, može da simbolizuje božansku pomoć.

• Vidi *Ptice*.

REŠETKE

• Granice u našem životu.

• Ako ih vidimo na nekoj kući, značilo bi da je to naša momentalna psihološka ili duhovna ograničenost.

REVOLUCIJA

• Vidi *Rat*.

RIBE

• Živo predstavljanje alhemijskog merkura koji je deo genealoških voda prirode. Odavde, po zakonu analogija, u zavisnosti od situacije u kojoj ih vidimo, ima da znamo kako ide naš rad u Alhemiji. Na primer:

- Ako su obojene: transcendentalne promene u našem merkuru.

- Ako ih pecamo ili jedemo: potreba da se duševno hranimo plodovima Alhemije; da se hranimo našim filozofskim merkurom.

- Ako neka riba nosi na svojim leđima korpu sa hlebom, pokazuje nam činjenicu da samo posredstvom transmutacije merkura – ili simbolične ribe, možemo da osvojimo hlebove mudrosti.

Takođe, mogu da budu u vezi sa našim zdravljem. Na primer:

- Ako su žive: najavljuju dobro zdravlje i vitalnost.

- Ako su mrtve: napominju loše zdravstveno stanje i moguću bolest.

RINGIŠPIL

• Iluzija života.

• Ako se radosni penjemo na njega, simbolizuje da smo uhvaćeni u Samsari.

• Ako se vidimo u veoma brzom ringišpilu, simbolizuje točak života koji nam donosi snažne impresije. Takođe, može da simbolizuje put sa svim svojim šokovima i probama.

ROBOVI

• Psihološki agregati.

• Ako sebe vidimo kao robove, simbolizuje činjenicu da su nas uhvatili psihološki agregati ili agenti Zakona. Takođe, moguće da je reč o našem prošlom životu.

• Ako vidimo da imamo robove, simbolizuje činjenicu da imamo agregate prepotencije koje treba da izbacimo.

RODA

• Vest o duhovnim rađanjima.

• Vidi *Ptice*.

RODITELJI

• Ako ih obavija nimbus misterije i mudrosti, to su naši unutrašnji roditelji u njihovom pokušaju da nam pomognu.

• Ako se manifestuju kao što to obično čine, onda su naši fizički roditelji koji dejstvuju u astralnoj oblasti ili su naše sopstvene egoičke reprezentacije.

ROĐACI

• Ako imaju vulgarni ili osrednji stav, predstavljaju naše psihološke rođake, Ja-ove.

• Ako imaju viši stav ili nam pričaju o transcendentalnim stvarima, reč je o delovima našeg Bića.

• Vidi *Ime*.

ROGOVI

• Predstavljaju sazvežđe Bika, koji rukovodi verbumom, rečju. Odavde proizilazi činjenica da oni koji su inkarnirali Verbum – našeg Gospoda Šivu sa njegovim zlatnim telima, mogu se pojaviti na unutrašnjem nivou sa svetlosnim rogovima, slično kao i Mojsije kada je sišao sa planine Sinaj.

• Na rogovima sopstvenog unutrašnjeg Lucifera se, takođe, odslikava duhovno stanje nekog Bodisatve; drugim rečima, stepeni mudrosti dobra. Ako su ovi rogovi obični, a aspekat Lucifera nije rafiniran, ti rogovi predstavljaju životinjsko stanje koje imamo u unutrašnjosti. Ako su ovi rogovi od srebra, a Lucifer slavno blista, ti rogovi pokazuju uzvišene stepene duše. A ako je reč o nekom oslobođenom Majstoru, tada se, na tim rogovima Lucifera, pojavljuju različiti tridenti. U ovom slučaju neka se vidi *Trident*.

• Rogovi demona predstavljaju, na suprot, stepene mudrosti zla i, takođe, silu i moć mračnog koji je u pitanju.

• Ako rogovi izlaze iz vojničke kacige, simbolizuju iste svetle rogove Lucifera koji je izbeljen zahvaljujući osvojenim stepenima Objektivnog razuma. Setimo se činjenice da su egipatski hijerofanti upotrebljavali srebrne rogove i da su ih takođe – kao što Majstor Samael objašnjava, mnogo puta upotrebljavali na unutrašnjem nivou.

• Ako sebe vidimo sa životinjskim rogovima, može jednostavno da predstavlja bestijalna i instinktivna stanja u našoj unutrašnjosti koje treba hitno da analiziramo i da dezintegrišemo.

RONJENJE

• Poziv da u nas zaronimo.

• Ako vidimo sebe ili nekog drugog kako roni u veoma uzburkanom moru, znači da treba da zaronimo u našu unutrašnjost, čak iako doživljavamo veoma teške okolnosti.

ROTKVA

• Vidi *Povrće*.

RUKA

• Ako izlazi iz oblaka prema nama, simbolizuje Boga koji se krije iza oblaka misterije koji ga okružuju, pomažući nam na putu.

• Ako nam neko pruža ruku, to je pomoć od osoba koje su isto kao i mi ili od viših.

• Ako vidimo odsečene ruke, kod nogu nekog kralja, simbolizuje potrebu da se odseku ruke životinjskim Ja-ovima da bismo mogli da budemo u prisustvu našeg unutrašnjeg Kralja.

• Ako vidimo jednu belu ruku moguće je da predstavlja moći Bele magije. Ako vidimo crnu ruku moguće je da bude aluzija na moći zlokobnih sila.

• Ako vidimo da gubimo ruke, simbolizuje činjenicu da će nam nedostajati resursi da bismo rešili neki problem, izgubićemo intelektualne ili moralne kapacitete.

• Ako vidimo da gubimo nekoliko prstiju sa ruke, označava činjenicu da nećemo imati sve sposobnosti pripremljene da bismo se suočili sa suprotnostima u tom momentu našeg života.

• Ako vidimo gvozdenu ruku, može da bude najava činjenice da ćemo biti disciplinovani posredstvom rigoroznih događaja.

RUKAVICE

• Potreba da se iskoristi umetnost diplomatije, činiti stvari sa taktom.

RULET

• Podizanja i padovi života.

RUŠEVINE

• Sopstvena podla stanja, stanja entropije. Zakržljale duševne vrednosti za koje treba da se borimo da bi ih povratili.

• Ako je neko plovno vozilo u ruševini, simbolizuje naš brak koji je u realnoj opasnosti da doživi brodolom.

• Ako je kuća u ruševini, simbolizuje da stojimo loše na unutrašnjem nivou i da je potrebno da prođemo kroz hitnu psihološku transformaciju.

RUŽA

• Duša. Odavde proizilazi misterija ružokrsta (rozenkrojcer), u kojoj posredstvom inteligentne upotrebe krsta – isključivo seksualne, moguće je da kristalizujemo dušu.

• Ako je bela, simbolizuje čistotu.

• Ako je crvena, simbolizuje ljubav.

• Ako je crna, simbolizuje satanske praktike.

• Ako vidimo dve ruže zajedno, belu i crvenu, predstavlja dva prvobitna principa – sumpor i merkur Alhemije.

S

SAFIR

• Čistota, duhovnost.

• Ako nam se poklanja safir ili ga nađemo, simbolizuje da ćemo primiti unutrašnju pomoć.

SAHRANA

• Vidi *Smrt*.

SAKRARIJUM

• Srce devotana koje treba da zrači čista i plemenita osećanja, koje treba da štiti svetu posudu. Svaki sakrarijum čuva, svojom strukturom, lepotu, duševnu lepotu pehara, što je ekvivalentno sa lepotom i svetosti sakramenta Rima (Roma) – alhemijska ljubav, koje su dobro čuvane zahvaljujući sublimaciji koju gnostički isposnik treba da ostvari u okviru svoje seksualnosti.

SALAMANDRA

• Sveta vatra, Vatra Rusalije, plamen Svetog Duha koji treba da oplodi naš alhemijski merkur, onda kada je ovaj merkur pravilno pročišćen, odnosno, očišćen od svoje nečistote.

SALATA

• Vidi *Zelenje*.

SAN	• Ako smo mnogo sanjivi, to je san Svesti. Pokazuje nam se da je hitno da se budimo.
SANDALE	• Priprema puta. Pokazuje nam činjenicu da se nalazimo na hermetičkom putu.

SANDALE

• Ako su nove, simbolizuje činjenicu, ako ih koristimo na putu, da ćemo osvojiti unutrašnje vrednosti.

• Ako su stare, simbolizuje verovatno činjenicu da smo ostvarili veliki deo puta u ovoj ili u drugim egzistencijama.

• Ako su nam poklonjene, pozvani smo da doživimo duhovni put.

• Ako ih gubimo, znači da smo prestali da pazimo na naše korake na hermetičkom putu.

SAPUN

• Potreba za pročišćavanjem. Poziva nas na fizičko i duševno čišćenje.

SARKOFAG

• Pokazuje nam činjenicu, verovatno, da imamo ezoteričke vrednosti koje su u vezi sa starim Egiptom.

SATI

• Sati na časovniku treba da se izučavaju u svetlu Kabale – vidi *Brojevi*. Prvo se analiziraju sati, a potom minuti. Tako da imamo dve informacije: jednu generičnu – sati, i drugu detaljniju – minuti, koja razvija ili tumači onu pređašnju.

• Ako je reč o tačnim satima, mogu se analizirati putem učenja Apolonijusa iz Tijane. Onih dvanaest sati o kojima nam on govori, konstituišu Put Inicijacije.

• Prvi sat: „Transcendentalna studija Okultizma“.

• Drugi sat: „Ambisi Vatre. Astralne vrline stvaraju krug posredstvom Zmajeva i Vatre.“ Studija okultnih sila.

• Treći sat: „Zmije, Psi i Vatra.“ Seksualna Alhemija. Seksualna Magija, Rad sa Kundalini.

• Četvrti Sat: „Neofit ima da luta među grobovima, iskusiće horor vizija, biće žrtva Magije i Goecije." Ovo znači da će se učenik videti napadnut od miliona Crnih magova u Astralnom svetu; isti Mračni magovi pokušavaju da udalje učenika sa Svetlosnog puta.

• Peti Sat: „Superiorne vode Neba." U ovom periodu učenik uči da bude čist i neporočan (seksualno) da bi razumeo vrednost svoje seminalne tečnosti.

• Šesti sat: „Ovde je potrebno da se ostaje miran, nepokretan, zbog straha." Ovo znači strašna proba Stražara Praga, pred kojim je potrebno mnogo hrabrosti da bi ga pobedio.

• Sedmi sat: „Vatra osvežava oduševljena bića, a ako je jedan Sveštenik, dosta pročišćen Muškarac, ukrade i potom je projektuje, i ako je pomeša sa Svetim Uljem i osvešta je, on će uspeti da leči sve bolesti samo primenjujući je na obolelo mesto." Ovde Inicijat vidi svoje materijalno bogatstvo ugroženo i njegovi poslovi propadaju.

• Osmi sat: „Astralne vrline Elemenata, semena svakojake vrste."

• Deveti sat: „Ovde još ništa nije gotovo." Studija Minornih Misterija, onih Devet Arkada kroz koje treba da se diže student.

• Deseti sat: „Otvorila su se vrata neba i čovek izlazi iz svoje letargije." Ovo je broj 10 2. Velike Inicijacije Majornih misterija, koja dopušta Inicijatu da putuje Eteričnim telom. Ovo je Mudrost Jovana Krstitelja: Dekapitacija.

• Jedanaesti sat: „Anđeli, Heruvimi i Serafimi lete šušteći krilima; postoji radost na Nebu, bude se Zemlja i Sunce koje izlazi iz Adama."

Ovaj proces pripada Velikim inicijacijama Majornih misterija, gde vlada samo teror Zakona.

• Dvanaesti sat: „Povorke Vatre se smiruju.“ Ovo je triumfalni ulaz Majstora u bezgraničnu sreću Nirvane, ili će odustati od sreće Nirvane iz ljubavi prema Čovečanstvu i preobraziti se u jednog Bodisatvu Kompasije.

Napomena: **Čitav ovaj deo o satima Apolonijusa bio je integralno izvađen iz dela Venerabilnog Majstora Samaela Aun Weora.**

SAUNA

• Potreba da se pročistimo na duševnom nivou zasnivajući se na unutrašnjem radu.

SEJATI

• To je sejanje unutrašnjeg semena –seksualnog, u našu filozofsku zemlju, u naše telo; drugim rečima, da ne forniciramo. Setite se parabole sejača iz Biblije.

• Takođe simbolizuje da nosimo oslobodilačku spoznaju drugima.

• Vidi *Seme*.

SEKIRA

• Poziv na psihološko obezglavljenje.

SEMAFOR

• Upravljački principi puta.

• Ako pokazuje zelenu boju, imamo otvorena vrata u našem hodočašću.

• Ako je žuto svetlo, treba da požurimo na našem duhovnom putovanju.

• Ako pokazuje crvenu boju, govori nam o činjenici da je potrebno da stupimo u odmor.

SEME

• Seksualno seme. Učenje koje nam se daje, onda kada nam se pokazuje ovaj simbol, menjaće se u odnosu na kontekst i oblik u kom ga vidimo, Na primer:

- Ako je zeleno, simbolizuje merkur u procesu zrenja.

Ako je zrelo, simbolizuje činjenicu da se naš merkur nalazi u procesu promene.

- Ako je trulo, simbolizuje činjenicu da imamo slabe nade da fabrikujemo dušu.

• Ako nam se daju semena da jedemo, govori nam se o potrebi da se napajamo merkurom mudraca.

• Vidi *Sejati*.

SFERA

• Merkurski haos i naš unutrašnji svet.

• Ako nam se poklanja sfera, zapoveda nam se da radimo sa našim merkurskim haosom.

• Takođe, simbolizuje činjenicu da smo stvorili atomski svet – unutrašnja tela i mogućnost da smo završili naše unutrašnje Delo.

SFINGA

• Predstavljanje Majke Prirode. Zbog toga njegova morfologija opisuje četiri elementa: vatru – telo i kandže lavlje; vazduh – krila orla; vodu – čovečija glava, a zemlju –zadnje noge bika.

• Predstavlja takođe misterije intimne auto-realizacije ljudskog bića, zato što ako u hermetičkim naukama Inicijat uspe da mudro pomeša, u unutrašnjosti laboratorium oratoriuma svog fizičkog tela, onih četiri reprezentativnih elemnta koje predstavlja sfinga, tada postaje Adept, Majstor ili Majstorka Mahamanvantare, sa moćima nad onih četiri elementa, a Božanska Majka – koja je predstavljena sfingom, prima ga na svoje grudi kao novog sina, kao „dva puta rođenog".

• Takođe predstavlja univerzalnu mudrost.

• Ako je bela, simbolizuje moći dobra.

• Ako je crna, predstavlja moći zla.

SIDRO	• Rad sa tri sile kreacije u spermatičkim vodama prvog trenutka.
	• Ako ga bacamo u more, simbolizuje da treba da radimo sa tri sile u vodi, odnosno da se spustimo u Devetu sferu.
	• Ako dižemo sidro, znači da treba da pređemo na seksualni odmor.
SIJALICA	• Unutrašnja svetlost.
	• Ako palimo sijalicu ili ako nam je neko poklanja, poziva nas da unesemo svetlost u naš unutrašnji opskuritet.
	• Ako je sijalica pokvarena ili izgorela, to znači da naši napori, radi više svetlosti u nama, propadaju.
SIN	• Vidi *Rođaci i Beba*.
SIR	• Plod naše unutrašnje Božanske Majke – Šakti.
	• Ako nam neko poklanja sir ili sebe vidimo kako jedemo sir, pozvani smo da se hranimo silama koje nam stižu od iskrene molitve i odanosti prema Božanskoj Majci. Takođe bi moglo da znači da nam nedostaju vitamini u organizmu.
SIRĆE	• Kisele (gorke) i neprijatne situacije.
	• Ako ga jednostavno vidimo, znači da mogu da se pojave kisele situacije u našem životu.
	• Ako ga pijemo, upliće činjenicu da ćemo doživeti kisele i teške situacije u našem životu.
SIRENA	• Agent filozofskog merkura i inteligencija u radu sa sopstvenim vodama. U nekim slučajevima može da predstavlja elementale spoljašnje vode, takozvane ondine.
	• Ako je slatka i blaga, označava rukovođenje u alhemijskom radu.
	• Ako je njen stav egoički, najavljuje opasnosti od seksualne kušnje. U ovom slučaju, sirena

predstavlja opasnosti koje vrebaju moreplovca koji plovi na vodama geneze u potrazi za Zlatnim Runom ili supremnom Svešću. Dovoljno je da se setimo mitskog Odiseja koji, usred okeana, upozorava svoje veslače da ne uzmu u obzir pesmu sirena kako ne bi bili očarani i da, tako, izbegnu pad u ambis propasti.

SKALPEL

• Potreba da se realizuje unutrašnji psihološki rez skalpelom samokritike da bi se otkrilo Ja.

SKARABEJ

• Duša. Ako ga u snovima vidimo, obično je poziv da je kristalizujemo.

• Ako vidimo neku grabljivicu kako proždire skarabeja, simbolizuje zle sile koje napadaju dušu.

• Ako vidimo kako skarabej gura svoju sferu đubriva, predstavlja činjenicu da treba da budemo istrajni i da do kraja privedemo naš unutrašnji rad.

SKELA

• Materijalni ili duhovni rizici.

• Ako se dižemo na skelu na velikoj visini, govori nam se o potrebi da vodimo brigu o tajnom putu ili o neizbežnim opasnostima na njemu.

• Takođe može da bude u vezi sa uzdizanjem ili spuštanjem što se tiče nivoa Bića.

SKIJATI (se)

• Verovatno je poziv da se opustimo ili da promenimo centar.

• Ako se vidimo kako brzo skijamo na planini, dok dobro prolazimo prepreke koje se pojavljuju na putu, može da predstavlja naš duhovni put i uložene napore da bismo prevazišli probe koje nam se daju.

SKULPTURA

• Može da alegoriše nešto ili nekog, u zavisnosti šta je vajano.

• Ako vidimo kako neki vajar realizuje skulpturu, može da simbolizuje činjenicu da se u nama kristalizuje unutrašnji rad.

SLABLJENJE

• Gubitak psihološke težine.

• Ako se vidimo slabim, kad u realnosti nismo, može da bude poziv da izbacimo psihološku težinu. Takođe može da bude najava da smo u procesu da to gubimo.

SLAGALICA

• Potreba da se uredi psiha.

• Ako vidimo da slažemo delove neke slagalice, simbolizuje da pokušavamo da se psihički sredimo.

SLATKIŠI

• Po zakonu suprotnosti, predstavljaju najavu budućih gorčina.

• Ako ih jedemo, najavljuje gorčine koje će se pojaviti u našem životu.

• Ako nam se poslužuju, ali ih ne jedemo, simbolizuju činjenicu da nas neće povrediti teške situacije koje će se zbiti oko nas.

SLEP

• Ako vidimo nekog slepog može da bude podstrek da bolje otvorimo oči, da pažljivo posmatramo događaje koji se približavaju. U zavisnosti od imena slepe osobe, može da predstavlja činjenicu da je nešto u nama slepo ili uspavano.

• Ako sebe vidimo da smo slepi to je pokazatelj činjenice da postoji duboki san Svesti i da loše napredujemo na putu. To je jasan pokazatelj da smo dezorijentisani i učaureni u životu.

SLIKATI

• Ako vidimo da molujemo kuću, simbolizuje ulepšavanje naše psihološke kuće.

• Ako sebe vidimo da slikamo umetničku sliku, znači da pokušavamo da ostvarimo Veliko Delo.

SLON	• Prvi Logos i, takođe, Sveti Duh. • Ako se vidimo kako jašemo slona, to simbolizuje činjenicu da nam pomaže i da nas rukovodi Logos.
SMARAGD	• Zelena vatra Alhemije, početna vatra koja se kasnije treba preobraziti u crvenu vatru.
SMIRNA	• Mistička smrt. • Ako nam je poklonjena ili je mirišemo, pozvani smo da umiremo na psihološkom nivou.
SMOKVA (drvo)	• Hristčke seksualne sile koje nas mogu uzdići ili poniziti; sve zavisi od toga kako ih koristimo. Zato ju je Veliki Kabir Isus, kada je video smokvu koja ne daje plodove – duhovne, prokleo, a ona se definitivno osušila. Stoji zabeležena činjenica da je drvo koje ne daje rod posečeno i bačeno u vatru. • Vidi *Smokve – plodovi*.
SMOKVE	• U vezi su sa seksualnošću. Sinteza dobrog ili lošeg korišćenja erotske sile. U zavisnosti kako ih vidimo, zakonom analogije, tako funkcioniše naša seksualnost. Na primer: – ako su trule, radi se pogrešno, jednostavno, ne radi se dovoljno u Ognjištu Kiklopa. Govori nam takođe o lošem semenu, o trulom ljudskom semenu. – Ako ih jedemo i one su ukusne, poziva nas na Alhemiju ili simbolizuju činjenicu da se realizuje dobar seksualni rad i da ćemo uskoro okusiti njegove rezultate. • Vidi *Smokva – drvo*.
SMRT	• Smrt životinjskog JA. Pozvani smo da umremo na psihološkom nivou ili nam ukazuje na činjenicu da jedno Ja već umire u našoj unutrašnjosti. Samo posredstvom alhemijskog

truljenja – smrt Ja – može da se rodi novi čovek.

• Ako vidimo da nam je preminuli u srodstvu ili blizak prijatelj, moguće je da je reč o proročkom snu, dakle, najava činjenice da može da umre svakog momenta. Ako nam je rod, može takođe da predstavlja jedno iz velike familije Ja-ova koji trpi mističku smrt. Takođe, može da nam pokazuje činjenicu da nas neki deo Bića, koji ima veze sa imenom dotične osobe, poziva na unutrašnju smrt. Isto tako, može da je reč o opomeni da, zbog nedostatka unutrašnjeg rada, u nama umire neki deo Bića povezano za ime preminulog. –Neka se vidi *Ime*.

• Ako nam je prijatelj može takođe da pokazuje činjenicu da taj prijatelj ima potrebe da umre na psihološkom nivou ili da već doživljava aspekte unutrašnje smrti.

• Ako igramo sa smrću erotični ples, govori nam se o ljubavi –Alhemiji, koja je sestra smrti. To je, dakle, poziv da nađe smrt posredstvom erotične sile.

SNEG	• Duhovna i bračna hladnoća.
SO	• Mudrost.

• Ako jedemo so, simbolizuje činjenicu da treba da čeznemo da budemo mudri.

• Takođe je opomena da ne gubimo merkur, jer je so ta koja ga izmiruje sa vatrom Stelle Maris.

SOČIVO	• Vidi *Povrće* i *Seme*.
SOFA	• Može da simbolizuje činjenicu da nam je potreban fizički i psihički odmor.

• Takođe, može da ukazuje na činjenicu da treba da se čuvamo entropije.

SOK	• Merkurski ekstrakt.
	• Ako se vidimo da spremamo sok, pozvani smo da pripremamo naš alhemijski ekstrakt ili smo upoznati da ga već pripremamo.
SOKO	• Intiman, Atman, Horus.
	• Vidi *Ptice*.
SOLOMONOV pečat	• Ujedinjenje božanskog sa ljudskim. Završetak Velikog Dela.
	• Takođe je alhemijski simbol, gde trougao sa vrhom nagore predstavlja vodu, a trougao sa vrhom nadole, vatru: i u okviru kog onih šest vrhova zvezde jesu muški, a onih šest udubljenja jesu ženska. Ako vidimo Solomonov pečat u snovima moglo bi da bude, dakle, poziv da radimo u Misterijama Vulkana.
SOVA	• Samoopažanje (Autoopservacija).
	• Ako je bela, simbolizuje dobro obavljeno samoopažanje.
	• Vidi *Ptice*.
SPASILAC na vodi	• Pomoć koja nam se pruža da ne bismo propali u vodama života.
SPAVATI •	Ako vidimo da spavamo, može da simbolizuje san naše Svesti ili da smo, realno, toliko mnogo umorni tako da nastavljamo da spavamo u astralu.
	• Može takođe da pokazuje stanja pasivnosti i lenjost.
SPUŠTANJE	• Niz lestvicu, u liftu ili niz planine, može da simbolizuje:
	– Poziv da se spustimo u Devetu sferu.
	– Da ćemo uskoro imati razne probe koje su se nagomilale.
	– Moralne boli.

	– Gubitak duševnih vrednosti.
SPUŠTATI (se)	• Vidi *Spuštanje*.
SRCE	• Osećanja, emocije.

• Ako vidimo srce u mačijim (životinje iz ove familije) kandžama, simbolizuje smrt Inicijata, onog koji, pretvoren u mačku, cepa svoje srce sve dok ne ubije u njemu sve iluzije personaliteta, svaku privrženost za stvari koje ga vezuju za svet.

SREBRO • Kao mineral, alegoriše merkur u svom stanju purifikacije. Ovo je „more argentum“ (srebrno more) alhemičara.

STADO • Ako je stado ovaca ili krava, simbolizuje duše.

STARCI • Ako je njihov stav plemenit, simbolizuje mudrost. Mudri delovi Bića koji žele da nam pomognu.

• Ako su agresivni: veoma stari psihološki agregati koji pokušavaju da se manifestuju.

• Takođe može da bude aluzija na to da nam preostaje malo vremena i da treba da požurimo sa unutrašnjim radom.

STENA • Vidi *Kamen*.

STEPENICE • Vidi *Lestvica*.

STIRAKS • Mudrost i pravosuđe.

• Ako nam se govori o ovoj biljci ili nam se poklanja, pozvani smo da je upotrebimo.

STOLAR • Intiman. Setimo se Josifa – supruga Marije – i oca Pinokija; obojca su predstavljali Intimnog, Česeda. Nemojmo zaboraviti astečkog kodicila koji kaže: „Bogovi su napravili čoveka od drveta...“

STOLICA • Može da simbolizuje period odmora ili presto, u zavisnosti od toga kakva je stolica.

STOPALO • Čvrstina u našem životu.

• Ako vidimo da nam nedostaju stopala pokazuje činjenicu da postoji malo mogućnosti da se nešto preduzme ili da se dobro završi neki zadatak.

• Ako ih vidimo ranjena, i sprečavaju nas da dobro hodamo, označava suprotstavljanja koja će se nepredviđeno pojaviti na našem putu.

• Ako nam nedostaju prsti na nogama, najavljuje da nismo istrajni u onome što tražimo.

STRANE SVETA	• Vidi *Vetrokaz*.
STRAŠILO	• Naša stanja unutrašnjeg nereda.

• Ako oživi i prati nas, znači da se nalazimo u psihološkoj krizi.

STRAŽAR

• Poziv da ne spustimo gard ispred Ego-a. Opominje nas na potrebu da budemo u stanju pripravnosti (budni), u sećanju na sebe i da bolje razvijamo samoopažanje kako nas ne bi iznenadili psihološki agregati.

STRELA

• Ako lansiramo strelu uvis, simbolizuje činjenicu da su naše duhovne čežnje velike.

• Ako lansiramo strelu prema osobi suprotnog pola, može da simbolizuje dve stvari:

- Da ćemo jednoga dana biti zaljubljeni u tu osobu.

- Da ćemo imati konflikt sa tom osobom.

STRELJANJE

• Vidi *Smrt*.

STUB (kolona)

• Pravičnost, sila, hrabrost, odlučnost, trijumf. Setimo se da Gnoza stavlja akcenat na potrebu da se „borimo sve dok se ne preobrazimo u stubove podržavaoce hrama Gospoda“.

• Takođe je simbol ezoterične spoznaje.

• Može da alegoriše, takođe, stub Bića na kom se sve podržava.

• Predstavlja takođe kičmeni stub.

• Ako vidimo jedan divan stub u vrtu, simbolizuje činjenicu da smo već obavili jedan od naših zadataka.

• Dva stuba, beo na desnoj strani – Jakin i crni na levoj strani – Bohaz, simbolizuju ona dva esencijalna agenta Magnus Opus-a: sumpor i merkur. Takođe alegoriše Jakina kao muškarca, a Bohaza kao ženu. Nesumnjivo je, da bi se podigao hram Solomona u unutrašnjosti ljudskog bića, potrebna su ova dva alhemijska polariteta, koji su predstavljeni muškim i ženskim silama koje treba da se ujedine u radu u laboratorium oratorium-u. Dobro je da naznačimo čitaocu činjenicu da u unutrašnjosti ove alegorije, koju ova dva stuba sadrže, sastaju se ujedinjena dva kvaliteta koje treba da ima svaki Adept: pravdu i milost.

SUĐENJE

• Proces na kom Veliki Zakon sudi akcije neke duše. Moguće je da mi budemo ti kojima se sudi ili da prisustvujemo suđenju nekoj osobi.

SUMPOR

• Fiksni elemenat Alhemije: seksualna vatra.

• Takođe je simbol pročišćavanja.

SUNCE

• Solarne dinastije i Biće.

• Ako se pojavljuje ujutru na horizontu, simbolizuje duhovne nade.

• Ako se uzdiže sjajno na nebu, simbolizuje naš unutrašnji trijumf na putu.

• Ako zalazi na horizontu, simbolizuje završene radove na unutrašnjem nivou ili da se Otac privremeno udaljuje od nas.

• Ako se Sunce približava Mesecu na nebu, pokazuje nam potrebu da se ujedini solarni sumpor sa lunarnim merkurom u alhemijskom magisterijumu.

• Ako se skriva u vodi, poziva nas da se udubimo u čiste vode Alhemije.

• Ako je prekriveno oblacima, najavljuje nesigurnosti, muke i svakojake probe.

• Ako se vidimo izloženi na suncu, to je poziv da tražimo solarnu energiju – energiju Bića i Majstora.

• Ako nam Sunce peče kožu i bivamo crveni, može da pokazuje činjenicu da ćemo primiti neprijatnu impresiju. Ali, ako je taj san posle rada sa Velikim Arkanumom, može da bude pokazatelj činjenice da alhemijski rad nije bio dobar.

SUNCOKRET	• Potreba da se preobrazimo u solarna bića.
SUŠENO VOĆE	• Energija Sunca. Poziv da osnažimo eterično telo.
SUZE	• Najavljuje stanja pokajanja koja se približavaju.
	• U zavisnosti od konteksta, takođe može da najavljuje, po zakonu suprotnosti, stanja sreće u fizičkom svetu, ezoterički uspeh i duševna zadovoljstva.
SVADBA	• Po zakonu suprotnosti, najavljuje raskide, poraze, boli i opasnosti, kako na unutrašnjem nivou tako i na fizičkom nivou.
	• Ako vidimo pored nas aktuelnog supružnika ili budućeg to je još opasnije: može da najavljuje opasnost od smrti ili tešku nesreću: može da najavljuje opasnost smrti ili tešku nesreću za svakog od njih dvoje, ili uključujući oboje.
	• Takođe, može da predstavlja duhovne saveze para, ili naše sa unutrašnjim delovima Bića.
SVASTIKA	• Krst u pokretu, seks u punoj aktivnosti, seksualna transmutaciji u akciji.

• Ako nam je uručena, pozvani smo da radimo u Devetoj sferi.

• Ako se neki predmet u obliku svastike razbije, najavljuje nam probleme pri radu sa Arkanom A.Z.F, ili nam ukazuje na seksualnu pauzu.

SVEĆA

• Naš život.

• Ako je cela sa živom vatrom, simbolizuje činjenicu da postoji vitalnost i da postoji određeno vreme pre nego što ćemo realizovati put.

• Ako je u fazi da bude istrošena, govori nam o činjenici da je neki život pri kraju.

• Vidi *Svetlost* i *Vatra*.

SVETILJKA

• Svetlost Svesti.

SVETIONIK

• Duhovni vodič ili božanska učenja koja orijentišu moreplovce na bronzanom moru – alhemičare.

SVETLOST

• Božanska svetlost.

• Ako se u mraku orijentišemo pomoću svetlosti, simbolizuje činjenicu da nas Biće vodi na putu.

• Ako nas perplavljuje svetlost, simbolizuje činjenicu da nas Solarne Dinastije posećuju ili su sa nama.

SVINJA

• Životinjski Ego u našoj unutrašnjosti. Simbolizuje takođe opasna bludna stanja.

SVITAC

• Naše čežnje prema svetlosti.

SVRAKA

• Vesti koje ćemo primiti.

• Takođe, simbolizuje brbljivo Ja.

• Vidi *Ptice*.

Š

ŠAFRAN	• Crvena boja donosi dobre vesti.
ŠAH	• Tabla života i borba koju treba da vodimo u našoj egzistenciji. Svi mi treba da se svakodnevno borimo; razlika je u činjenici da se ova borba realizuje sa belim figurama ili sa crnim figuama, ako smo pioni u službi Majstora Belog Bratstva ili smo pioni u službi Mračnih sila.

• Ako nam se poklanja šahovska tabla, ukazuje nam se činjenica da treba da se borimo za našu sudbinu.

• Simbolizam figura:

- Kralj: Unutrašnje Realno Biće.

- Kraljica: Božanska Majka Kundalini.

- Lovac (ludak): Sveto koplje, seksualna sila.

- Skakač (konj): Pravičnost i zakon.

- Toranj (top): Stanje budne percepcije.

- Pioni (pešaci): Neofiti (novajlije) puta.

ŠAHOVSKA tabla • Vidi *Šah*.

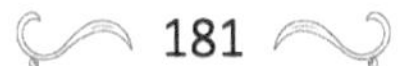

ŠAKAL	• Simbol Anubisa i božanskog Zakona. Može da alegoriše Zakon koji nas traži ili koji nas iz blizine prati.
ŠAL	• Zaštita verbuma, aluzija na potrebu da se brinemo o reči (verbumu).
ŠEĆER	• Vidi *Slatkiši*.
ŠESTAR	• Sa gnostičke tačke gledišta predstavlja instrument kojim možemo da napravimo savršeni krug. Ovo je, dakle, poziv da budemo pedantni i tačni u unutrašnjem radu.

ŠESTAR

• Predstavlja takođe i noge čoveka, a ova stvar nas vodi na ono što se u Gnozi kaže „znati da hodamo obema nogama".

• Simbolizuje, takođe, bratstvo. Po masoneriji, jedan vrh masonskog šestara je u srcu jednog brata, a drugi vrh zahvata svu njegovu braću, koja konstituišu čitavo čovečanstvo.

• Ako vidimo polomljen šestar, pokazuje činjenicu da naš rad ide loše.

ŠEŠIR

• Vest o putovanju.

• Ako je nov, simbolizuje putovanje koje ćemo uskoro ostvariti i u dobrim uslovima.

• Ako je stari, simbolizuje veoma značajno putovanje ili putovanje radi rešavanja stvari iz prošlosti ove naše aktuelne egzistencije.

ŠITI

• Nove cirkumstancije (okolnosti) koje se tkaju na razboju egzistencije.

• Ako vidimo nekog kako šije pokazuje činjenicu da dotična osoba stvara nove okolnosti u svom životu. Takođe, može da nam pokazuje činjenicu da nam ona stvara nove okolnosti. U ovom slučaju neka se vidi *Ime*.

• Ako vidimo sebe da šijemo, to nam pokazuje činjenicu da naši stavovi tkaju nove scenarije u našem životu.

ŠKOLA	• Sopstveni život u kom je psihološka gimnazija ispit sa kojim treba da se suočavamo svakodnevno.
	• Može takođe da alegoriše adiatmički (Adyatmic) Univerzitet, na kom nas Majstori Belog Bratstva ispituju da bi spoznali naše duhovne progrese.
ŠKOLJKE	• Aluzija na filozofski merkur. Poziv da radimo u Alhemiji.
ŠKORPIJA	• Dobro ili loše usmerena seksualna sila.
	• Ako vidimo jednu ili više škorpija na mestu gde se nalazimo, simbolizuje činjenicu da ćemo biti u opasnosti iskušavanja.
	• Ako nas neka ubada, opominje nas da bismo mogli da padnemo u neko iskušenje.
	• Takođe najavljuje mračne napade.
ŠLJIVE	• Zrelo voće Alhemije.
	• Može biti konkretna najava činjenice da su vode na putu da dobiju crvenu boju.
	• Vidi *Voće*.
ŠMIRGLA	• Psihološke hrapavosti.
ŠPANAĆ	• To je oblik da se ukazuje ono što alhemičari nazivaju vegetalni merkur, koji simbolizuje samu seksualnu energiju.
	• Vidi *Zelenje*.
ŠTAKE	• Predviđa materijalne teškoće koje ćemo imati kada budemo nešto radili.
ŠTAP	• Vidi *Palica*.
ŠUMA	• Naš sopstveni život.
	• Ako se vidi šuma čija su stabla posečena, simbolizuje da će mnoge stvari iz našeg života nestati.
	• Ako se vidi izgorela šuma, može da simbolizuje depresivna duševna stanja ili neočekivane situacije koje će nas povrediti.

T

TALAS	• Vidi *More*.
TAMJAN	• Čista osećanja.
	• Ako mirišemo tamjan, simbolizuje da smo okruženi dobrom vibracijom.
	• Ako nam se poklanja tamjan, pozvani smo da imamo dobre misli.
	• Ako nas dime tamjanom, znači da smo bili pročišćeni na unutrašnjem nivou.
TAMNICA	• Vidi *Zatvor*.
TANJIR	• Podloga ili pomoć radi našeg dobra.
	• Ako nam se poklanja, simbolizuje činjenicu da nam neko u nečemu pomaže.
	• Ako pada, pokazuje činjenicu da možemo nešto ostvariti, a to se neće drugima sviđati.
TAROT karte	• Etape i situacije na ezoteričnom putu. U zavisnosti od karte ili karata koje vidimo, pokazuje nam se nešto u vezi sa našom sudbinom.
	• Vidi *Brojevi*.
TAŠNA (akten)	• Naše vrednosti.

	• Ako nam ukradu tašnu, simbolizuje tmine – unutrašnje ili spoljašnje; žele da nam ukradu vrednosti.
TAŠNA	• Arkanum A.Z.F.
	• Ako nam je ukradu, simbolizuje da će naše tmine – Ja-ovi, sabotirati naš rad da bismo se osećali izgubljenim i da ne budemo mogli da radimo u Velikom Arkanumu A.Z.F.
TEATAR	• Sam život.
TELE	• Hristos. Setimo se činjenice da su Egipćani obožavali svetog bika Apisa –Biće, sakralnu kravu Hator – Božansku Majku i njihovo tele zvano Kabir – Hristos.
TELEFON	• Pokazatelj činjenice da ćemo primiti poruku od nekog ili da treba da sa nekim razgovaramo.
TELEVIZOR	• Akaški zapisi.
	• Takođe može da simbolizuje pamet. Očigledno, ono što se projektuje na njegovom ekranu pokazuje nam stanja u kom se nalazi naša psiha.
TEPIH	• Najava nekih prijatnih situacija.
	• Ako nam se poklanja tepih, simbolizuje da ćemo verovatno doživeti situaciju u kojoj ćemo se osećati komotnim.
	• Ako nam se poklanja magični tepih (ćilim), simbolizuje da nam se pružaju neočekivane prilike.
TEREN	• Deo naše psihološke oblasti.
	• Ako je neravan ili izgleda da je stabilan, ali nije, simbolizuje činjenicu da je moguće da imamo probleme ili gimnazije koje će da učine da izgubimo psihološku stabilnost.
	• Vidi *Zemlja*.
TERMOMETAR	• Podstrek da umerimo temperament.

• Ako nam se meri temperatura, simbolizuje činjenicu da smo opažani sa tačke gledišta temperamenta da bi se videlo gde treba da se usklađuje.

TESTERA

• Pogrebni simbol, poziv da posečemo nepoželjne psihološke elemente koji konstituišu Ja.

• Ako nam se uručuje testera ili ako je nađemo, simbolizuje da treba da izmrcvarimo dubinske psihološke agregate.

TETOVIRANJE

• Ako je simbolično i višeg reda, to je pokazatelj određenog ezoteričkog stepena u Unutrašnjim svetovima. Ako je u asocijaciji sa podljudskim aspektima, predstavlja egoička stanja u našoj unutrašnjosti. Iz ovog se odvaja sledeće:

- Ako nam se pravi tetoviranjem sa određenim simbolom mističko-duhovne prirode, otkriva nam činjenicu da prelazimo na viši ezoterički stepen.

- Ako je to tetoviranje nižeg reda i mi ga brišemo, pokazuje nam činjenicu da treba da se odvojimo od određenih egoičkih vrednosti.

TIGAR

• Duboko unutrašnje Biće.

• Ako su više njih, simbolizuju Veću Braću, Majstore Belog Bratstva.

• Ako nas brane, kaže nam se da će postojati božanska zaštita.

• Ako nas napada, pokazuje činjenicu da nam Adepti skreću pažnju i pozivaju nas na red.

• Takođe može da simbolizuje okultizam.

• Takođe, simbolizuje oštroumnost i svirepost onih koji su se lansirali protiv samih sebe, protiv sopstvenih psiholoških defekata da bi ih rasporili kandžama psihoanalize. Setimo se „Kavaljera Tigrova" astečkog Meksika.

TIŠINA	• Elokvencija (krasnorečivost) mudrosti.
	• Ako dobijamo tišinu kao odgovor na neko pitanje koje postavljamo, pokazuje nam činjenicu da ono što pitamo jeste očigledno ili da, za momenat, ne zaslužujemo odgovor.
	• Ako smo na nekom mestu ispunjenom tišinom, označava činjenicu da se nalazimo na mestu manifestacije Bića.
TKATI	• Stvaranje novih okolnosti u našoj sudbini.
	• Ako sebe vidimo kako tkamo, znači da sređujemo nešto u našoj sudbini.
TOALET	• Potreba za prečišćavanjem.
	• Vidi *Izmet*.
TOČAK	• Vreme i njegove konstantne promene.
	• Takođe alegoriše točak Samsare i zakon večitog povratka.
TOPITI (metale)	•Transmutacija našeg merkura.
TORANJ	• Samoopažanje, Stanje budnosti (bdenja).
	• Ako je visok i lep, pokazuje nam činjenicu da smo uspeli da podignemo nivo samoopažanja.
	• Ako se ruši, najavljuje poraz u našem unutrašnjem alhemijskom ili psihološkom radu.
	• U drugim prilikama, predstavlja kičmeni stub.
TORNADO	• Vidi *Ciklon*.
TRČATI	• Potreba da požurimo na duhovnom putu ili sa nekim materijalnim projektom.
	• Ako ne možemo da trčimo, iako želimo, simbolizuje činjenicu da postoje egoičke sile koje nas drže nepokretnim.
TREŠNJE	• Pobede ili boli koji se približavaju u našem životu. Trijumfi, jer mogu da predstavljaju plodove našeg unutrašnjeg rada; boli, jer nas

podsećaju na crvenu boju krvi. Treba da studiramo kontekst.

• Može, takođe, da bude najava činjenice da su vode počele da poprimaju crvenu boju.

TRIBUNAL

• Veliki Božanski zakon, tribunal Karme.

TRIDENT

• Na srebrnim rogovima izbeljenog Lucifera – onda kada su Ego i Bestija totalno otopljeni, pojavljuju se tridenti koji pokazuju stepen razvoja Objektivnog razuma. Ako se na rogovima pojavljuje, na primer, samo jedan trident, to pokazuje činjenicu da je Oslobođeni sa Prvim stepenom Objektivnog razuma; ako se pojavljuje šest tridenta, to je oslobođeni Majstor sa Objektivnim razumom Šestog stepena i on je dotakao Sveti Anklad; a ako se pojavi devet tridenta, onda je to već izuzetno sveto Biće, stanovnik Apsoluta, kao što je to slučaj Venerabilnog Majstora Aberamentha.

• Takođe može da predstavlja Tri prvobitne sile Kreacije, Logosni trougao.

TRNJE

• Moralni bol, ali ovaj bol, koji kada je transformisan pomoću svesne refleksije, daće nam volju. Setimo se trnovitog venca kog su rimski soldati stavili na glavu Velikog Kabira Isusa za vreme njegovih patnji.

TROUGAO

• Tri Primarne sile Kreacije: Svetu afirmaciju, Svetu negaciju i Svetu koncilijaciju.

• Predstavlja, takođe, pravilan način mišljenja, pravilan način osećanja i pravilan način delovanja.

TRSKA

• Kičmeni stub. U hermetičkim predanjima bio je predstavljen sa sedam čvorova, koji predstavljaju sedam igniskih ruža – sedam čakri, koje stupaju u aktivnost uz pomoć Svete Vatre koja se uzdiže kroz kanal Sušumna i sa tri gombe na gornjem delu, koje predstavljaju

Tri Primarne sile Kreacije, odnosno, silu Oca, silu Sina i silu Svetog Duha.

• To je žezlo Majstora Belog Bratstva i, takođe, simbol duhovne moći.

TRUBA

• Poziv na buđenje Svesti. Sigurno je, trube, svojim različitim zvucima, ispunjavaju istu ulogu kao i zvona —sa biblijske tačke gledišta, zato što ovi muzički instrumenti izvlače ljudsko biće iz sna svesti i čine da se probudi za realnost.

• Ako neki anđeo svira na trubi, to je opomena koja nam se daje ili koja će nam neizbežno biti data.

TRUDNOĆA

• Neprijatne situacije. Situacije nezgodnog karaktera koje se stvaraju, psihološka gimnazija.

TRULEŽ

• Pokazuje činjenicu da treba da oživimo obnovljeni iz našeg psihološkog pepela.

TUČA

• Može da simbolizuje egoička stanja koja imamo u unutrašnjosti, kontradikcije ili unutrašnje sukobe.

• Ako je između prijatelja, može da predviđa buduće situacije koje će se zbiti između tih prijatelja.

TUNEL

• Ako ulazimo u tunel, simbolizuje činjenicu da ulazimo ili ćemo ući u period samoće, opskuriteta, neizvesnosti, sa nedostatkom unutrašnje informacije.

• Ako iz njega izlazimo, pokazuje nam činjenicu da se onaj period konfuzije završio kako bismo ponovo videli svetlost Oca.

TUNIKA

• Odelo Adepta.

• Ako je bela, to je alegorija Majstora Belog Bratstva.

• Ako je crvena, označava Mahatmu.

U

UDES

• Ako ga mi trpimo, može da obaveštava da ćemo realno doživeti udes (nezgodu) ili da ćemo imati prepreke u svakodnevnom životu.

• Ako vidimo da neko pati u udesu može da znači da će ga osoba, koju smo videli, doživeti. Ili, takođe, da je nešto u nama – u vezi sa imenom osobe – u opasnosti da se izgubi ili da ne napreduje.

UGALJ

• Seksualna vatra sa kojom se pali alhemijska peć. Univerzalni simbol koji je u asocijaciji sa alhemijskim procesima. Zbog toga, u zavisnosti kako ga vidimo, ima ovo ili ono značenje:

– Ako vidimo usijani ugalj to je poziv da radimo u Alhemiji. Aka ga vidimo suviše užarenog, poziva nas da kontrolišemo strast.

– Ako ga vidimo kako se gasi, poziva nas da dodamo duhovnoj čežnji veću dozu seksualne želje, u okviru Devete sfere.

– Ako vidimo da je potpuno ugašen, simbolizuje nedostatak libida da bi se radilo u Užarenom ognjištu Vulkana. Uzrok problema možda treba da tražimo u netrasformisanim konfliktima, koji su ostali u psihi kao traume ili, jednostavno, u karmičkim dugovima koji nam sprečavaju da imamo vatru.

• Ako smo pozvani da prođemo preko užarenog uglja, simbolizuje da ćemo biti podvrgnuti probama.

UHO
• Velike uši simbolizuju mudrost.

• Male uši mogu da simbolizuju apatičan karakter i nedostatak kapaciteta da se sluša.

• Ako sebe vidimo sa zapušenim uhom ili da čistimo njegovu smolu, pokazuje činjenicu da činimo ili da treba da činimo napore da bismo bolje slušali druge.

• Vidi *Gluvilo*.

ULJE
• Naš merkur.

• Ako nam se poklanja posuda sa uljem ili mažemo telo uljem, pozvani smo da radimo sa našim merkurskim vodama.

IZNUTRICE
• Potreba da se prodre u dubinu stvari.

• Ako sebe vidimo u posudi kanope, poziva nas da organizujemo svoj unutrašnji život.

URAGAN
• Vidi *Ciklon*.

UROBOROS
• Zmija koja grize sebi rep – uroboros, simbolizuje mudrost koja samu sebe guta i završetak Velikog Dela.

USKRS
• Radost za trijumf intimnog Hrista.

• Ako vidimo proslavljanje Uskrsa, to simbolizuje da primamo pomoć od intimnog Hrista.

UTOPLJENIK
• Teške situacije koje će nas utopiti.

UTVARA
• Naše mentalne fantazije ili neka astralna larva. Takođe može da predstavlja lunarne sile oko nas.

UZDIZANJE
• Traženje nekih viših nivoa Bića.

• Ako se dižemo na planinu, na lestvicu ili sa liftom, ukazuje nam se traženje viših nivoa Bića; nivoi Bića na koja se uzdižemo ili koja osvajamo.

UŽE (za vešanje)	• Poziv da se psihološki zadavi Ja.

• Ako nam je uručeno ili ako nam se stavlja oko vrata, poziva nas da snažno umiremo u nama samima.

• Ako nam se stavlja oko vrata, a onda kada žele da nas obese, kida se uže, znači da naša smrt treba da bude dublja (temeljnija).

• Vidi *Smrt*.

V

VAGA	• Ravnoteža, pravičnost i tačnost. Obično, može da bude podstrek da tražimo ravnotežu između pameti, srca i seksa.
	• Simbolizuje, takođe, pravosuđe, karmu i dharmu Inicijata.
	• Može takođe da simbolizuje alhemijska vaganja merkura i sumpora, kojima rukuje proporcionalno Božanska Majka.
VAMPIR	• Crna magija.
	• Ako nas napada vampir, pokazuje činjenicu da smo napadnuti od mračnih sila.
	• Ako se pretvaramo u vampira, simbolizuje činjenicu da skrećemo prema crnoj magiji ili da smo praktikovali crnu magiju.
VASKRSNUTI	• Ako vaskrsnemo, simbolizuje da se rađamo u novi život.
	• Ako vidimo nekog da vaskrsava, pokazuje činjenicu da dotični menja svoj duhovni i psihološki život.
VAŠI	• Vidi *Paraziti*.

VATRA	• Univerzalni simbol Boga – Velikog arhitekta svega što je stvoreno, jer je vatra obavijena večnom misterijom i ona je krajnje velikodušna kada nam daje svetlost i toplotu koje hrane naš život. U mnogim slučajevima, predstavlja konkretno Devi-Kundalininu Svetu Vatru.

• U nižoj oktavi, alegoriše erotičku vatru.

• Ako je palimo, može da pokazuje potrebu da se radi u Vulkanovom užarenom ognjištu.

• Ako plamen vatre izlazi iz vode, ukazuje na činjenicu da Sveta Vatra treba da se pojavi nakon rada sa našim vodama. Može da bude pokazatelj činjenice da se probudila Kundalini.

• Ako nas vatra ispeče, može da simbolizuje činjenicu da će nas neka okolnost koju smo pokrenuli ispeći ili ćemo biti na psihološkom nivou ranjeni od nekog ili nečeg. Takođe, može da predstavlja činjenicu da postoji velika strastvena vatra u Alhemiji i da ona može da progori naš unutrašnji rad.

• Ako gasimo vatru vodom, upozoreni smo činjenicom da ćemo biti okruženi nesuglasicama i vređanjima. Može da bude takođe najava neke probe vatre koja se približava.

VATROMET	• Komemoracija (spomen) unutrašnjih trijumfa.
VAZNE	• Svete posude, seksualna neporočnost.

• Ako se razbijaju, postoji opasnost da jedna devojka padne u iskušenje.

• Ako su pune cveća: vrline koje treba da gajimo ili koje smo već osvojili.

VENTILATOR	• Može da simbolizuje činjenicu da nam je potrebna promena okolnosti.

• Vidi *Vetar*.

VEO	• Izisin veo, seksualni adamski veo, neporočnost (seksualna). • Takođe predstavlja skrivene misterije za profano čovečanstvo. • Ako nam je uručen, simbolizuje da smo na unutrašnjem nivou bili prihvaćeni sa nekim određenim stepenom seksualne neporočnosti. • Ako ga jednostavno vidimo, ova stvar želi da kaže da treba da se borimo da bismo osvojili ovaj veo.
VETAR	• Stanja koja određuje Veliki zakon. • Ako je blag i prijatan, hoće da kaže da ćemo imati momente mira. Najavljuje period blagostanja koji nam se približava. • Ako smo nošeni vetrom, simbolizuje činjenicu da će doći situacije koje mogu da nas sa njima povuku. • Vidi *Ciklon*.
VETROKAZ	• Volja Oca. • Ako se okreće prema jugu, traži nam se da radimo sa vatrom. • Ako se usmerava prema severu, ukazuje činjenicu da treba da molimo Božansku Majku da nas rukovodi. • Ako se usmerava prema istoku, traži se od nas da mnogo meditiramo. • Ako se okreće prema zapadu, poziva nas da više umiremo na psihološkom nivou.
VEVERICA	• Marljivost, kao i kod pčela. • Takođe simbolizuje fiksni elemenat Alhemije: seksualnu vatru.
VEZAŠTVO	• Ako se radi o povezu, mi smo opomenuti da vodimo brigu o pojedinim stvarima iz našeg

života. Takođe može da bude pokazatelj činjenice da treba da vodimo brigu o našem zdravlju.

• Ako je reč o vezici za pokrivanje očiju, simbolizuje činjenicu da verovatno ne želimo da vidimo realnost. Takođe, može da bude opomena da ćemo biti isprobani.

VIHOR	• Vidi *Oluja*.
VILIN KONJIĆ	• Intimne čežnje. Čežnja da se napusti stanje larve – egoično, da bi se letelo krilima Duha.
VILJUŠKA	• Viljuška u obliku tridenta označava nam Tri primarne sile Kreacije kojima treba da se hranimo.
VINARIJA	• Naša rezerva seksualne energije. Poziv na alhemijsku transmutaciju. • Vidi *Vino*.
VINO	• Seminalni napitak, crvena tinktura. Setimo se da je vino u tesnoj simboličnoj vezi sa krvlju Spasitelja. Hristička supstanca Sunca prodire u uterus Zemlje i tako je plod loze preobražen u krv Kosmičkog Hrista. Iz ovog razloga, u Gnostičkom pričešću, vino predstavlja krv žrtvenog jagnjeta, odnosno, merkur ujedinjen sa sumporom da bi sastavili sumporasti merkur koji nam pere grehove.

• Ako ga pijemo, kaže nam se da se hranimo merkurom u dobrom stanju.

• Može da predstavlja mudrost.

• Ako se opijamo pijući vino, može da simbolizuje tri stvari:

1. Da smo dobro natopljeni merkurom.

2. Da smo opijeni vinom mudrosti.

3. Da je moguće da nemamo unutrašnju ravnotežu.

• Vidi *Pijanica*.

VINOVA LOZA	• Vidi *Grožđe*.

VLASTI

• Vidi *Policija*.

VOĆE

• Univerzalni simbol rezultata našeg unutrašnjeg rada. Prema tome, u zavisnosti kako vidimo dotično voće, pokazuje nam se jedna ili druga stvar. Na primer:

– Zeleno voće može da simbolizuje činjenicu da još ne postoji potrebna zrelost u našem duhovnom životu da bismo videli poneki rezultat.

– Zrelo voće može da označava da je naš merkur u najboljem momentu. Postoji duhovna zrelost. Uskoro ćemo okusiti plod uloženog napora.

VODA

• Univerzalni simbol sopstvenih seksualnih voda.

• Po onome kako se vidi, može da nam pokazuje stanja u vezi sa našim zdravljem i sa različitim aspektima samog našeg života. Evo nekoliko primera u pogledu ovog:

– Ako je kristalna: rafinirani merkur. Takođe, može da najavljuje dobro zdravlje.

– Ako je mutna ili prljava: nedostatak prečišćavanja merkura. Takođe, najavljuje bolesti.

• Ako plovimo na njoj, moguće je da pokazuje da treba da više sublimiramo rad u Alhemiji ili da treba da izbegnemo opasnost od pada.

• Ako je pijemo: poziv da se hranimo merkurom.

• Ako je mirna: kontrolisane strasti. Takođe simbolizuje da naš život prolazi kroz mirne momente.

• Ako je uzburkana: uzburkane su naše seksualne vode. Predstavlja, takođe, psihološke oluje.

• Ako nas nosi bujica: situacije u našem sopstvenom životu koje nas nose i udaljuju od duhovnog sveta zbog nedostatka volje.

• Ako nas voda davi ili poplavljuje: neprijateljske okolnosti koje nas guše.

• Ako nam se traži da prođemo neku deonicu vode, može da najavljuje neku probu vode koja se približava.

• Ako se meša vruća voda sa hladnom, ukazuje nam se činjenica da treba da znamo da menjamo razne aspekte svog temperamenta, u skladu sa okolnostima života.

VODOPAD   • Bujica seksualne sile.

• Ako se u njemu kupamo, simbolizuje da treba da se pročistimo posredstvom tantričke joge.

• Vidi *Voda*.

VOJSKA   • Ako je sastavljena od moći dobra, simbolizuje snage Venerabilne Bele Lože.

• Ako je isto tako, više vrste, može da simbolizuje vojsku delova našeg Bića.

• Ako je mračna, simbolizuje snage Crne lože..

VOZ   • Gnoza. Simbolizuje, takođe, evoluciju čovečanstva.

• Ako se nalazimo u vozu, pokazuje činjenicu da će naš život da se vrti oko učenja. Predviđa nam uspeh ako umemo da iskoristimo to putovanje da bismo doživeli ona tri faktora.

• Ako izgubimo voz, simbolizuje činjenicu da ne radimo dobro na nama samima.

• Ako silazimo iz voza na nekoj stanici, opominje nas da treba da vodimo brigu da ne napustimo gnozu.

• Ako iskoči iz čina kada se u njemu nalazimo, opominje nas o konfliktima koje ćemo doživeti u unutrašnjosti gnoze, koji nas mogu izbaciti s puta.

VRABAC
• Vidi *Ptice*.

VRAČ
• Možda je reč o Crnom magu koji nas vreba.

VRATA
• Stanja kroz koja treba da prođemo ili da ih prevaziđemo.

• Ako se otvaraju, simbolizuje da ulazimo u drugo stanje stvari. Takođe, može da predstavlja povoljnost da se neki materijalni ili duhovni projekat ispuni.

• Ako se zatvaraju, simbolizuje činjenicu da smo završili da doživljavamo određena stanja. Može da simbolizuje, takođe, prepreke koje sprečavaju naš napredak. Takođe, može da pokazuje činjenicu da neka odluka koju smo doneli nas neće voditi na ništa transcendentalno.

VRŠITI NUŽDU
• Psihološko prečišćavanje, oslobađanje od agregata i štetnih vibracija.

• Vidi *Izmet*.

VRT
• Odnosi se na vrt slasti – na alhemiju i na vrt vrlina koje treba da gajimo.

VUK
• Agenti Zakona.

• Predstavlja takođe životinjsku pamet.

• Ako nas napada, može da simbolizuje činjenicu da nas Zakon prati. Ili može da bude alegorija onoga što je okrutno i nemilosrdno u našoj unutrašnjosti.

• Ako se neki vuk nama poslušno približava, simbolizuje činjenicu da je Zakon u našu korist

• Ako vidimo neku osobu kao čoveka-vuka, govori nam se da tu osobu rukovodi njena pamet.

VULKAN
• Najava eksplozije besa, strasti i problema.

• Ako vidimo vulkan pred erupcijom, simbolizuje stanje gneva pre momenta eksplozije.

• Ako vidimo vulkan koji sve prži svojom lavom, opominje nas da će nas neki težak problem povrediti.

Z

ZABAVA	• Vidi *Igra (ples)*.
ZALIVATI	• Ako zalivamo baštu simbolizuje činjenicu da prihranjujemo vrline.
	• Ako zalivamo kablom, iz kog voda neprestano teče, može da simbolizuje opomenu da se vodi briga da ne gubimo energije.
ZASTAVA	• Vrhunac ili sinteza nekih ezoteričnih radova koje realizujemo. Takođe je znak trijumfa ili hrabrosti i znak revolucije i oslobađanja.
	• Ako nam daju žutu zastavu, pokazuje nam se činjenica da je potrebno da mnogo radimo sa pameti. Takođe bi moglo da pokazuje činjenicu da je merkur spreman da ga sumpor oplodi.
	• Ako je drugih boja, neka se tada vide Boje.
	• Ako je reč o zastavi Internacionalnog Gnostičkog pokreta, značenje je sledeće: crveni deo – od polovine zastave nagore, simbolizuje ratove i borbe koje devotan Gnoze treba da vodi, u svojoj unutrašnjosti, protiv svojih

mnogostrukih agregata psihološkog karaktera. Beli deo – od centra zastave nadole, simbolizuje čistotu i duhovno ispunjenje, koje je ostvareno kao plod ostvarenih borbi tokom hodočašća prema prebivalištu duboko unutrašnjeg Bića. Između ovih delova, u centru, blista zlatni krst, koji neposredno alegoriše put svesnog požrtvovanja i rad sa muškim i ženskim moćima u toku Sahaje Majtune, esencijalne u gnostičkoj doktrini.

• Ako je reč o zastavi Gnostičke crkve, značenje je sledeće: žuti deo – od polovine nadole, sadržava sve Adepte koji pripadaju „budičkom ili nirvanskom stadijumu", odnosno, one koji su odabrali, kao što se u Alhemiji kaže, „vlažni put". Beli deo – od polovine nagore, predstavlja oslobođene Adepte, odnosno, one koji su napustili Samsaru i vaskrsli iz mrtvih kao autentične „raspete individue". Dva velika ključa, kao ona apostola Petra, prekrivaju oba polja. Jedan ključ je zlatni, a drugi srebrni. Srebrni ključ označava merkur mudrih alhemičara iz svih vremena; onaj zlatni pokazuje božanski sumpor. Iznad ovih ključeva, u gornjem delu, vidi se zvezda sa sedam vrhova, amblem Sinova Sunca, vaskrslih i besmrtnih Majstora.

ZATVOR

• Pamet, u kojoj je zatvorena naša Svest.

• Ako nas unose u zatvor, može da simbolizuje takođe činjenicu da ćemo uskoro platiti karmu ili da je već plaćamo.

ZAVESE

• Unutrašnja lepota.

• Ako vidimo zavese u nekom pozorištu, koje su zatvorene, simbolizuje okultno, nepoznato.

• Ako vidimo da se velike zavese otvaraju, to pokazuje činjenicu da ćemo uskoro dobiti transcendentalne informacije koje do sada nismo poznavali.

• Ako uzimamo zavese u svoju kuću, simbolizuje promenu u životu.

ZEBRA

• Egoički instinkti koje treba da suzbijamo.

ZEC

• Potreba da umemo da slušamo.

• Takođe je simbol merkura. Može da bude poziv da kontrolišemo naše seksualne vode.

ZELENJE

• Plod nebeske poljoprivrede, a to je ime koje su alhemičari dali Arkanumu A.Z.F, u Srednjem veku. Predstavlja plodove filozofske zemlje koji stvaraju merkur mudrih. Filozofska zemlja smo upravo mi; plodovi, rad koji ostvarujemo, a ovaj rad očigledno proizvodi jednu ili drugu vrstu merkura.

• Vidi *Povrće*.

ZEMLJA

• Naša filozofska zemlja; naša ljudska osoba u kojoj treba da negujemo vrline duše.

• Ako je plodna, simbolizuje da postoji duhovna zrelost i treba da iskoristimo naše energije da bi ona dala plodove.

• Ako je neplodna, simbolizuje da smo napustili naše energetske resurse i da će, verovatno, naš rad na nama biti neplodan.

• Vidi *Teren*.

ZEMLJORADNIK

• Radnik u unutrašnjem Velikom Delu. Alhemija je bila nazvana, u srednjem veku, „nebeska zemljoradnja".

• Poziv da prerađujemo sopstvenu filozofsku zemlju – svoje fizičko telo, da bi sazrelo i da seme daje rod – seksualni.

ZEMLJOTRES

• Neočekivane neprijatne situacije koje će da stave u opasnost našu psihološku stabilnost. Opstinantni (tvrdoglavi) Ego ili lavovi Zakona staviće u aktivnost svoje moći da bi nas potresli.

• Takođe može da bude najava neke probe zemlje koja se približava.

ZGRADA	• Videti zgradu sa više spratova predstavlja našu psihološku građevinu sa svojim različitim nivoima.
ZLATO	• Božanske vrednosti.
ZMAJ	• Naš unutrašnji Lucifer i erotički instinkt, kojim treba da inteligentno vladamo.
	• U svom nižem stadijumu, predstavlja unutrašnju Zver, životinjski Ego.
	• Takođe je simbol mudrosti.
	• Može takođe da predstavlja igniski element, sumpor alhemičara.
	• Ako letimo na zmaju, simbolizuje kontrolu naše luciferičke sile. Takođe može da bude poziv da se pretvorimo u zmajeve mudrosti. I, takođe, može da bude pokazatelj činjenice da će nam Sveta vatra pomoći da letimo na duhovnom nivou.
ZMAJ (igračka)	• Ako činimo da neki zmaj poleti – onakav kakvim se igraju deca, simbolizuje činjenicu da imamo duhovne čežnje ili da treba da usmerimo čežnje prema nebu.
ZMIJA	• Serpentinski binar nam govori o dvema zmijama: o bronzanoj zmiji koju je Mojsije podigao na štap i koja isceljuje Izrailjce u pustinji od ujeda drugih zmija; i zmije iskušivačice iz Edena koje je učinile da gube nevinost „adami i eve“ u lemurskoj epohi. Prva predstavlja Devi Kundalini, ličnu Božansku Majku svakog od nas; drugi simbol je Ja. Dakle, u zavisnosti od stava i karakteristika zmije koju vidimo u snu, može da predstavlja Božansku Majku ili životinjski Ego.
	• U svom višem aspektu, jeste ezoterički simbol mudrosti i okultne spoznaje.

• Ako vidimo zmiju višeg reda kako jede jaje, konstituiše predskazivačku najavu buđenja Vatre.

• Ako vidimo da se pretvaramo u zmiju, simbolizuje činjenicu da treba da nas proguta Velika zmija, naša Božanska Majka Kundalini-Shakti. Ali treba da znamo da se ova stvar događa samo onda kada je naša unutrašnja priroda potpuno pročišćena od nečistote životinjskog Ego-a, a unutrašnja tela treba da budu pretvorena u tela od čistog zlata. Potrebno je da se podsetimo da „ona ne jede smeće; ona ne pije ništa što je prljavo". Kada jednom budemo stigli do tog momenta, duša se pretvara u zmiju i spremna je da je orao Oca-Duha proždere i da se sa njim integriše u jedino Biće. Zbog toga su, stari Nahua predstavljali autorealizovanog čoveka kao binoma zmija-orao i odavde proizilazi činjenica, u Misterijama Kecalkoatla, svako ko osvoji pobedu biva nazvan „ptica-zmija ili „zmija sa perjem". Ovo je takođe misterija mita o osnivanju prastarog Meksika, u kom pobednički orao na nopalu (kaktusu) proždire zmiju.

• Ako vidimo da nas neka zmija napada, simbolizuje seksualni napad od strane jedne žene.

• Ako vidimo da zmija ujeda mačku, predstavlja Ja koji napada merkur. Ako mačka umire, može da predstavlja, na primer, konflikte u paru koji izazivaju da jedan od njih bude bez potrebne vatre da bi se spustio u Devetu sferu.

• Vidi *Ouroboros* – „zmija koja sebi grize rep".

ZNOJ

• Napori da se doživi tajni put.

• Ako vidimo nekog da se znoji, može da predstavlja brige koje mu psihološke gimnazije proizvode.

ZOLJA

• Loše vesti ili negativne misli.

ZOOLOŠKI VRT

• Naša psihološka domovina.

• Ako smo pozvani u zoološki vrt, pozvani smo da revidiramo psihologiju.

ZUBAR

• Adept koji nas upozorava o mogućim problemima u našem životu.

• Ako nam vadi iskvareni zub koji nam smeta, simbolizuje činjenicu da će nam se neki problem rešiti.

• Ako nam vadi sve zube, simbolizuje teške probleme koji se približavaju.

• Vidi *Zubi*.

ZUBI

• Naše fizičko i moralno zdravlje.

• Ako nas bole, najavljuju skorašnja nespokojstva.

• Ako gubimo zub, uvek simbolizuje opasnosti ili bolesti. Takođe pokazuje rasprave i konflikte.

• Ako ispadaju svi zubi, crni ili pokvareni, simbolizuje nedostatak zdravlja, bolest.

• Ako četkamo zube, pozvani smo da se brinemo o zdravlju. Takođe može da pokazuje potrebu da se rafinira verbum.

• Vidi *Zubar*.

ZVEZDA

• Naša Božanska Majka ili naš večiti Otac.

• Ako nas vodi, simbolizuje činjenicu da smo vođeni na putu prema Biću.

• Ako pada sa neba, simbolizuje činjenicu da će neki lider određene kauze napustiti svoju rukovodeću funkciju ili da će umreti. Takođe može da predstavlja činjenicu da će neki uzdignuti Majstor pasti.

• Ako vidimo padajuću zvezdu, simbolizuje činjenicu da će se neko nama blizak udaljiti od nas ili da će umreti.

• Ako vidimo zvezdu sa pet vrhova simbolizuje našu dušu.

• Ako vidimo Solomonovu zvezdu pokazuje nam ujedinjenje božanskog sa ljudskim, muškarca sa ženom. Takođe, ovo je simbol završenog Velikog Dela.

ZVONČIĆ

• Univerzalni zvuk i aluzija na zakon muzičkih oktava. Pozvani smo da sublimiramo naš oblik mišljenja, osećanja i delovanja.

• Vidi *Muzički instrument.*

ZVONO

• Poziv na buđenje Svesti. Sa sigurnošću, zvončići imaju, svojim različitim zvukovima, istu ulogu kao i trube – sa biblijske ili liturgijske tačke gledišta, jer oba muzička instrumenta izvlače ljudsko biće iz njegovog sna svesti i čine da se probudi u realnost.

• Simbol psihološkog i alhemijskog rafiniranja i sublimiranja koje treba da ostvarimo na putu tako da svaki put odjekuju uzvišenije note (zvuci) u našoj sopstvenoj prirodi.

• Takođe je to alhemijski simbol: sa spoljašnje strane zvona vidimo reprezentaciju ženskog uterusa – yoni Misterija, a kemblje zvona (centralni deo) predstavlja lingam – muški phallus. Obe sile uspevaju, posredstvom svetog tantričkog rada, da izvuku iz okultne anatomije Sakralnu vatru koja će, njega i nju, da prosvetli (iluminira). Zvuk zvona je u vezi sa raznim mantrama koje joginski par izgovara za vreme transmutacionog ljubavnog transa.

Ž

ŽABA

• Merkurski aktivni predstavnik, lustralna (koja čisti) voda. Podsetimo se da je u glavnom hramu starih Asteka postojalo, a još i danas postoji u zoni Zócalo, u Meksiku D.F. kupalište ograđeno skulpturama žaba. Ovo je bilo realizovano da bi se odala počast tajnom merkuru.

• Ako vidimo žabu na lotosovom cvetu, simbolizuje dobre alhemijske radove.

ŽALOST

• Vidi *Smrt*.

ŽEĐ

• To je pokazatelj da je naša duša žedna mudrosti ili spoznaje.

• Ako smo žedni i možemo da nešto popijemo, pokazuje činjenicu da će naša žeđ za mudrošću biti udovoljena kako treba.

• Ako smo žedni i ne nalazimo ništa da pijemo, upliće činjenicu da naša želja da nešto spoznamo za momenat neće biti ispunjena.

ŽELEZNIČKA pruga

• Vidi *Voz*.

ŽEZLO

• Predstavljanje autoriteta (vlasti).

• Ako nam je uručeno, označava nam činjenicu da nam je dat neki materijalni ili duhovni autoritet.

• Ako nam je oduzeto, pokazuje činjenicu da će nam biti oduzeta neka funkcija ili vlast koju imamo.

• Vidi *Palica*.

ŽICA

• Verovatnost izvesnih neprilika.

• Ako se zapletemo u neku žicu, simbolizuje da se suočavamo sa problemima i, takođe, karmičke kazne.

ŽIR

• Vidi *Seme*.

ŽIRAFA

• Potreba da se vide stvari, impresije, iz jedne više perspektive naše svesti.

ŽITNICA

• Skladište seksualnog semena.

• Ako je puna, predstavlja činjenicu da su naše energije očuvane.

• Ako je prazna, to je aluzija na to da smo beskorisno rasuli svoje seme.

SADRŽAJ

PROLOG ... 7

POTREBNA OPOMENA ... 13

RAZJAŠNJENJA MAJSTORA KWENA KHAN KHUA ... 17

A ... 21

B ... 25

C ... 47

Č ... 51

D ... 53

Đ ... 57

E ... 59

F ... 61

G ... 63

H ... 69

I ... 73

J	83
K	87
L	107
LJ	117
M	119
N	129
O	135
P	141
R	159
S	165
Š	181
T	185
U	191
V	195
Z	203
Ž	211

„Svi imamo pravo na sreću i svrha Gnoze je sreća ljudskih bića bez razlike, ali moramo vrlo jasno shvatiti da je sreća izvan Ega i da je čuveni Ego naš problem."
Kwen Khan Khu

LITERARNA
HRONOLOGIJA
AUTORA

1980. 33 OTKRIVENE ALHEMIJSKE GRAVURE

1984. GOVORI MUTUS LIBER

1987. LAMBSPRINCK OTKRIVENI

1990. GNOSTIČKI EGIPAT

1990. SAMAEL AUN WEOR, APSOLUTNI ČOVEK

1993. MOĆ TOTEMA

1999. PAMĆENJA JEDNOG TEBANSKOG SVEŠTENIKA

2004. EGO, ESENCIJA REALNOST

2004. GNOSTIČKA ONTOLOGIJA

2007. ALHEMIJSKI DRAGULJI

2008. VEČITI GNOSTIČKI ARHETIPOVI

2008. ODGOVORI KOJE JE DAO JEDAN LAMA

2011. ČOVEK, ZAKONI I APSOLUT

2012. GNOZA: MISTERIJE I REVELACIJE

2014.   ALHEMIJSKE RASPRAVE

2014.   GNOSTIČKA STUDIJA O DEMONOLOGIJI

2014.   VELIČINA I SJAJ GNOZE

2014.   PREMA BESKONAČNOSTI - AUTOBIOGRAFIJA

2016.   PISMA JEDNOG AVATARA

2016.   DIJALOZI SA MOJOM DUŠOM

2016.   SAVREMENI GNOSTIČKI TRAKTAT

2017.   ENIGME SNOVA

2017.   MELKISEDEK JE BIO U PRAVU!

2017.   OTKROVENJE SVESTI

2018.   RUŽOKRSTAŠKI EMBLEMI DANIELA KRAMERA
        – OTKRIVENI

2018.   AKSIOMI KABALE

2018.   MOĆ PONIZNOSTI

2019.   HORIZONTI SVETLOSTI

2019.   GOVORI GNOSTICIZAM

2020.   STUDIJA LJUDSKE PSIHE

2020.   GNOSTICIZAM XXI VEKA

PREPORUČENA LITERATURA

Autor ovog dela preporučuje čitaocu dela Majstora Samaela Aun Weora, u kojima će se preciznije produbiti postulati Gnoze — Božanske nauke.

SVEST HRISTA
TRAKTAT OKULTNE MEDICINE
I PRAKTIČNE MAGIJE
SAVRŠENI BRAK
KNJIGA DEVICE IZ KARMENA
GNOSTIČKA KATEHEZIJA
MOĆ JE U KRSTU
SEDAM REČI
VATRENA RUŽA
VOLJA HRISTA
TRAKTAT SEKSUALNE MAGIJE
PRIRUČNIK PRAKTIČNE MAGIJE
MAJORNE MISTERIJE
OSNOVNI POJMOVI ENDOKRINOLOGIJE
I KRIMINOLOGIJE
EZOTERIČKI TRAKTAT TEURGIJE
PLANINA IZ JURATENE
LOGOS, MANTRA, TEURGIJA
ŽUTA KNJIGA
PORUKA VODOLIJE
GNOSTIČKA ETIKA I SOCIOLOGIJA
ASTEČKA HRISTIČKA MAGIJA
KNJIGA SMRTI
MISTERIJE ŽIVOTA I SMRTI
MISTERIJE VATRE
KOSMIČKI BRODOVI
FUNDAMENTALNA EDUKACIJA

BUDINA OGRLICA
EZOTERIČKI TRAKTAT
HERMETIČKE ASTROLOGIJE
LETEĆI TANJIRI
REVELACIJE JEDNOG AVATARE
EZOTERIČKA RASPRAVA RUNSKE MAGIJE
EZOTERIČKI KURS KABALE
MOJ POVRATAK U TIBET
ONOSTRANO SMRTI
PARSIFAL OTKRIVENI
MISTERIJA ZLATNE CVASTI
O MISTERIJI
TRI PLANINE
REVOLUCIONARNA PSIHOLOGIJA
DA POSTOJI PAKAO, DA POSTOJI ĐAVO
DA POSTOJI KARMA
VELIKA POBUNA
TAJNA DOKTRINA IZ ANAHUAKA
TAROT I KABALA
EZOTERIČKI KURS TEURGIJE
MAJANSKE MISTERIJE
REVOLUCIJA DIJALEKTIKE
ZA MALOBROJNE
GNOSTIČKA ANTROPOLOGIJA
PISTIS SOFIJA OTKRIVENA
PETO JEVANĐELJE
BOŽIĆNE PORUKE

AGEAC

moć spoznaje

info@ageac.org

www.ageac.org · www.samael.org
www.vopus.org · www.radiomaitreya.org

9 798737 545062